Un petit Parisien
1941-1945

Essais :

Chaque jour est un jour J, Albin Michel, 1967.

Lettre ouverte à la droite la plus mal à droite du monde, Albin Michel, 1983.

Une parole étouffée, Ramsay, 1983.

À chacun son coup d'État, Éditions du Quotidien, 1984.

Pour moi, c'est lui, Michel Lafon, 1987.

La Partie de Golfe, Ramsay, 1991.

Demain le Front ?, Bartillat, 1995.

Clovis ou le baptême de l'ère, Ramsay, 1996

Carte de presse, Balland, 1997.

Mémoires pour servir à l'histoire de ma vie, Bartillat, 1997

La France tranquille de François Mitterrand, Balland, 1998.

Monsieur le Président… je vous fais une lettre, Ramsay, 1999.

Romans :

Antoine et Maximilien, Denoël, 1986.

À l'amour comme à la guerre, Flammarion, 1991.

Passage du témoin, Flammarion, 1993.

Le Nouveau Candide, Flammarion, 1994.

Un château sur le sable (tome 1 : *Puebla*), Stock, 1998.

Dominique Jamet

Un petit Parisien
1941-1945

Flammarion

I

1936-1941

Le temps d'avant

C'est un jour de régates et de joutes nautiques. Sur la prairie, le long de la rivière – le Clain –, des tribunes ont été dressées, d'où les spectateurs suivent les épreuves de nage et les compétitions d'aviron. Il fait beau, l'eau verte étincelle et clapote sous un grand ciel d'été, bleu lavé. Les hommes sont en pantalon de toile et corps de chemise. Les femmes portent des robes légères, des ensembles blancs ou rayés. Soudain, une masse verdâtre m'engloutit. La rivière n'est plus ni amicale ni limpide, c'est une glu translucide, chargée d'algues en suspension, d'où je ne puis me dépêtrer. Au-dessus de moi se réfracte l'image tremblée et déformée des gradins, des canoës, du soleil. Le ciel a disparu je ne sais où. Je suis en train de me noyer dans quinze centimètres d'eau. Alors est arrivée une femme dans une robe blanche qui lui laissait les bras nus. Le monde s'est remis d'aplomb, le ciel est revenu, le soleil a brillé comme avant.

Je marchais dans la rue quand une douleur atroce m'a transpercé. La pointe de fer qui a traversé ma sandalette s'est fichée dans mon talon. Heureusement, l'officine de M. Frenkol-Peton, le bon pharmacien, est à deux pas. On m'emporte, on s'empresse autour de moi. Il est généralement admis que rien ne s'oublie comme les sensations de plaisir ou de souffrance. Or celle-ci, je ne sais pourquoi, a franchi, intacte, les années et rien que d'y penser je ressens encore l'intolérable morsure de ce bout de métal qui m'avait cloué au sol.

Les vitrines des Dames de France, sur la Place-d'Armes, sont protégées du soleil par un velum de toile écrue et une grande feuille de celluloïd de la même couleur que les papillotes de papier transparent qui entourent les berlingots. Devant le magasin, le trottoir est baigné de reflets orange qui bougent avec le store et la feuille transparente.

Avec d'autres enfants, en tablier à carreaux comme moi, autour d'une grande table ronde, à notre hauteur. On s'amuse bien. Cela s'appelle le jardin d'enfants. L'enfance est un jardin.

Le vert profond, la consistance un peu fibreuse, le goût, d'une subtilité presque perverse, de l'angélique, dans les gâteaux de la pâtisserie, place du Marché, devant Notre-Dame-la-Grande.

Dans le vestibule ombreux de l'immeuble que nous habitons au 185, Grand-Rue. Je lève la tête. Le toit en verrière de la cage d'escalier a été badigeonné du bleu-violet caractéristique de la Défense passive, comme des millions de fenêtres à la même époque. Cet ultime souvenir de Poitiers ne peut donc qu'être postérieur à la déclaration de guerre. Notre propriétaire s'appelle monsieur Pain, et c'est lui qui a présidé ou procédé à ces travaux. « Ah, dis-je (et c'est un de ces *charmants* mots d'enfant dont on ne peut dire en toute honnêteté s'ils constituent un trait d'esprit ou sont l'effet d'une confusion), monsieur Peint-en-bleu ! »

Quelques fragments discontinus, quelques images, toutes nimbées de la lumière d'un éternel été, quelques sensations, quelques vestiges on ne sait pourquoi réchappés du désastre, comme ces débris des naufrages, dérisoires et pathétiques, que les courants, au lendemain d'une catastrophe, déposent sur la grève, c'est longtemps tout ce qu'il m'est resté de près de six années, les premières de ma vie. La suite a tout aboli, tout englouti, corps et biens, dans un gouffre noir.

Les traits de son visage, la couleur de ses yeux, la douceur de sa voix, la chaleur de son corps, j'ai tout oublié. Des bras qui m'avaient bercé ne subsistait plus rien. Comme si, du jour au lendemain, un rideau noir avait été tiré sur le temps d'avant.

L'histoire, bien sûr, j'ai pu la reconstituer, très tôt, à travers les récits, les témoignages, mille fois repris et recoupés, grâce aux photographies, mille fois contemplées, détaillées, commentées, caressées comme des reliques, implorées comme des oracles, plus tard par des correspondances, par le Journal de mon père. Mais cette chronique que je savais par cœur, jusqu'à la satiété, avec ses petits faits vrais, ses épisodes saillants, ses anecdotes classiques, ses légendes, je ne la sentais pas plus mienne qu'une prothèse n'est le membre perdu. Ces quelques souvenirs, au contraire, qui m'appartiennent en propre et s'enlèvent avec une précision absurde sur un fond de tableau effacé, font partie de mon être même. Hélas, cette mémoire personnelle qui est toute ma mémoire du temps d'avant tiendrait dans les quatre coins d'un baluchon noué au bout d'un bâton, comme en portaient autrefois les compagnons du tour de France. Maigre bagage pour traverser la mauvaise saison.

II

1941-1945

Le temps d'apprendre à vivre

Sa vie s'en va...

En quatre mois, elle ne sera pas sortie une fois.

Quand nous sommes partis pour Paris, à la mi-mai 41, elle avait fait le trajet en voiture, de Sarrazeuil à la gare de Poitiers, puis elle avait voyagé allongée. Une ambulance l'attendait à la gare d'Austerlitz, mais plutôt que d'être brancardée dans l'escalier elle avait tenu à emprunter l'ascenseur. Elle avait pu faire le tour du propriétaire, prendre symboliquement possession des lieux. Même couchée, de sa chambre elle avait suivi les péripéties de l'emménagement, distribué les pièces, réparti les meubles, joué bravement son rôle.

Elle s'était tant réjouie à l'idée de retrouver Paris après huit ans d'exils provinciaux. C'était une telle chance d'avoir pu dénicher ce grand appartement bourgeois, au deuxième étage d'un respectable immeuble haussmannien, rue Vavin, à mi-chemin des lumières des tapages, des brasseries de Montparnasse, du Dôme, de la Rotonde, de la Coupole, du Select, du Cosmos, et des grands établissements scolaires et universitaires du Quartier latin.

La guerre a libéré d'innombrables logements. L'État a gelé les loyers. Un simple professeur peut se permettre de louer ce six-pièces plus entrée, cuisine, salle de bains, cent soixante-dix mètres carrés en plein centre. Nous ne nous lassons pas d'en découvrir et d'en reconnaître les multiples splendeurs, les solives brunes du plafond de la salle à manger, les moulures blanches du grand salon, les chambres, bleue, rose, etc., revêtues de papiers à motifs, les recoins, les couloirs qui promettent de merveilleux terrains de jeux et d'aventures. Les peintures ont été refaites à neuf. Il y a deux systèmes de chauffage central, des bouches de chaleur, un chauffe-eau dans la salle de bains, des sonnettes dans toutes les pièces et un tableau des sonneries dans l'office, un confort et des aménagements inouïs. Il y a même un escalier de service qui conduit à la cave et aux deux chambres de bonne du sixième étage. Dans le bas de la rue, la petite entrée des jardins du Luxembourg met une tache de lumière, le vent agite les frondaisons des grands arbres.

Oui, c'est un appartement où il ferait bon vivre et elle n'y est entrée que pour y mourir. Dans des moments d'illusion, elle voulait croire qu'elle y verrait le terme de ses maux. En effet...

Son territoire, ses ambitions n'ont cessé de se réduire. Les premières semaines, elle était encore présente dans la salle à manger, à l'heure des repas. Au jour le plus glorieux de juin, on avait ouvert les fenêtres du bureau, on avait déplié une chaise longue sur le balcon, elle avait mis un tailleur, elle a pu rester une demi-heure peut-être, emmitouflée dans un cache-col, coiffée d'un béret, grelottant dans le grand soleil. Puis elle a dû limiter ses déplacements, de sa chambre (on dit « le salon ») au bureau contigu, du bureau à sa chambre. Puis elle n'a plus quitté sa chambre, tantôt étendue sur le divan Directoire vieux rose, tantôt assise dans une des deux bergères assorties, aux accoudoirs cloutés de cuivre, revêtues d'un velours de coton qui change de couleur et de consistance suivant le sens où on passe le doigt, plus clair et si doux quand on le lisse, rêche et plus sombre quand on le prend à rebrousse-poil.

Elle est devenue d'une maigreur effrayante. Les cernes bistres s'élargissent sous ses yeux. Ses hautes pommettes saillent entre les joues avalées et les orbites creusées. L'arête du nez se dessine plus aiguë. Elle porte déjà le masque de la mort.

Parfois, elle soupire, elle gémit. Ses grands yeux bleus, ses beaux yeux bleus s'embuent de larmes. « Mes enfants, mes pauvres enfants, que vont-ils devenir quand je ne serai plus là ? » Elle sonne, deux coups, pour qu'on nous fasse venir. Et nous voilà tous les trois, les yeux écarquillés, dans la pénombre de cette chambre close aux rideaux perpétuellement tirés, où flotte une odeur de maladie et de médicaments que domine, puissant et angoissant, le parfum de l'éther. Nous demeurons stupides, interdits. Elle nous regarde longuement, intensément. Elle voudrait nous parler, mais parler lui fait mal, et que pourrait-elle nous dire ? Que pourrions-nous lui répondre ? Elle se renverse en arrière, sa tête bascule sur l'oreiller. D'un signe, elle supplie qu'on nous fasse sortir.

15

Nous ne comprenons pas. On nous répète qu'elle est très fatiguée, qu'il faut être gentils et ne pas faire de bruit. Mais pourquoi reste-t-elle toujours couchée ? Elle pourrait bien faire un effort, elle aussi. Pourquoi ne s'occupe-t-elle plus de nous ? Est-ce qu'elle ne nous aime plus ?

Sa vie s'en va.

Sa vie s'en va, et c'est en vain qu'elle rassemble ses dernières forces, qu'elle lutte avec tout ce qui peut lui rester de courage, qu'elle poursuit, au bord de l'abîme, face à l'ennemie, un combat qu'au fond d'elle-même elle sent irrémédiablement perdu.

Cette masse monstrueuse qui s'est accrochée à son flanc et la tire chaque jour un peu plus vers la terre, ce mal rongeur qu'elle nourrit de sa propre chair, ne cesse de prospérer, de proliférer, d'essaimer un peu partout.

Ce n'est plus la minuscule excroissance, plus qu'un grain de beauté, moins qu'un abcès, que le docteur Ferré lui a découverte au sein, lorsqu'il l'a accouchée en avril 1940. Ce n'est plus cette boule, grosse presque comme la tête d'un nouveau-né, qu'elle tentait désespérément de dissimuler sous d'amples vêtements lorsque son mari, mis en congé de captivité comme père de quatre enfants, l'a retrouvée à la fin d'avril 1941, chez les Brouchon, à Sarrazeuil, si faible déjà, d'attente, d'amour et de mal yeux pâlis. C'est comme un second thorax qui lui enveloppe le côté gauche de la poitrine et du dos, un double d'elle-même qui la dévore, qui l'étouffe et qui la tue.

Au début, elle osait regarder en face, puis elle s'est bornée à reconnaître en aveugle les contours de la chose, à en frôler l'horreur d'un doigt attentif et précautionneux. Maintenant, elle ne s'aventure plus à y toucher ; elle voudrait pouvoir l'ignorer, l'oublier, comme elle a décidé de traiter par le mépris cette grosseur indolore et froide qui lui est venue à la hanche, et où elle croit pouvoir diagnostiquer un abcès, ou une fracture, peut-être, liée à son mauvais état général, une simple conséquence de la décalcification pour laquelle on la soigne énergiquement. Il y a trois mots que l'on n'a pas prononcés une fois devant elle : tumeur, cancer, métastases.

Les poumons sont touchés, mais on ne le lui a pas dit, pas plus qu'on ne lui a expliqué pourquoi elle a en permanence mal dans le dos et mal à la tête, ni ce que signifie l'apparition de crachements de sang. Tout ce que les médecins peuvent encore pour elle, c'est lui mentir, au moins par omission, ne pas lui interdire d'espérer, car elle semble encore espérer par moments, follement, en tout cas elle l'affirme, sans qu'on puisse démêler si une grâce d'état la protège réellement de la lucidité ou si, par une abnégation suprême, elle fait encore semblant pour maintenir le moral de ceux qui l'entourent ou la visitent. Elle s'est laissé surprendre, plus d'une fois, qui pleurait dans le noir, en silence.

Elle continue de suivre l'apparence d'un traitement lourd et complexe – toute une batterie de placebos coûteux, aux noms ronflants, fréquemment renouvelée et parfaitement inefficace. Mais lorsqu'elle demande d'une voix qui tremble : « Docteur, est-ce que vous ne trouvez pas qu'il y a du mieux ? Croyez-vous que je remarcherai bientôt ? », seul le vieux charlatan levantin qui vient quotidiennement lui faire à prix d'or la série de piqûres miraculeuses dont il garde secrète la formule a le front tranquille de lui répondre en la regardant bien en face : « Mais certainement, petite madame. Seulement, il va vous falloir encore un peu de courage et beaucoup de patience. L'important, c'est d'abord de reprendre des forces. Mais nous sommes sur la bonne voie. Voyez, la fièvre est complètement retombée depuis quelques jours, c'est un signe qui ne trompe pas. — Ah, vous croyez ? » dit-elle, le rose aux joues, le regard illuminé, guérie pour un instant.

À son chevet, une théière s'éternise, une bouteille d'eau minérale tiédit. Sa table de nuit est encombrée de boîtes de médicaments de choc et de placebos, en cachets, en poudre, en ampoules – Bufox, Laroscorbine, Hépatocarnine, autant de fruits de l'imagination des laboratoires –, et de petites limes. En vain essaie-t-elle de grignoter un biscuit à champagne, des gressins, des biscottes allégées. Elle se force pour picorer trois grains de raisin, elle s'étouffe avec un quartier de poire, pourtant fondante et pelée. Héroïques tentatives pour forcer le blocus. Elle ne parvient plus à avaler, même pour faire plaisir. Elle sort défaite de cette succession de petits Verdun domestiques : ça ne passe pas.

Tout mouvement, désormais, lui est une agonie, déglutir, une torture, simplement respirer, un effort qui l'épuise. Elle va chercher à grands ahans au fond de sa poitrine un filet de souffle caverneux qu'il lui faut renouveler aussitôt. La nuit surtout, elle gémit, elle halète, elle râle.

Elle a tout le temps froid. Elle veut toujours plus de couvertures et, par-dessus les couvertures, elle demande qu'on étale son vieux manteau de fourrure. Elle réclame une bouillotte. Et si par hasard elle a chaud, c'est qu'elle fait une poussée de fièvre.

Maintenant, elle ne quitte plus son lit que le temps qu'on lui passe une de ses longues chemises de soie rose ou qu'on change ses draps, et ces simples opérations lui arrachent des cris de douleur. Hélène seule a la force, la douceur et le tour de main qui lui rendent ce supplice tolérable.

Elle est aussi faible et plus dépendante qu'un petit enfant. Que deviendrait-elle, et que deviendrions-nous sans Hélène ?

C'est une jeune Polonaise au beau visage volontaire. Chassée par la défaite des rives de la Vistule et venue se réfugier aux bords de la Vienne, elle nous a suivis à Paris.

Hélène professe une véritable dévotion pour Madame. Elle est entrée à son service comme elle serait entrée en religion. C'est peu de dire qu'elle fait partie de la famille et qu'elle fait tourner la maison. Elle en est l'âme fidèle, violente, infatigable et passionnée. Une âme en exil, certes, car elle se languit d'Adolf, son fiancé, interné en Suisse, et surtout, bien que militante communiste il y a peu, elle attend, que dis-je elle exige du Ciel lui-même, qui est franco-polonais comme chacun sait, le prompt châtiment de Hitler, la punition de Staline et la résurrection de la Pologne éternelle. Mais une âme volontairement captive. Si elle a le statut d'une bonne, ou plutôt d'une gouvernante, elle est beaucoup plus que cela, pour sa maîtresse une amie et une confidente, pour nous une mère par intérim, sur qui la titulaire momentanément empêchée peut se reposer absolument.

Elle nous lève, elle nous fait débarbouiller, elle nous habille, pour nous elle se met en quatre (cela fait juste le compte), elle nous adore puisque

19

nous sommes les enfants de Madame. Lorsque Monsieur a débarqué à Poitiers, elle a bien voulu le reconnaître comme une autorité *de facto*, compte tenu des relations privilégiées qu'il semblait entretenir avec Madame et sous condition qu'il reste à sa place. Mais Madame, c'est autre chose, elle donnerait sa vie pour sauver celle de Madame. Elle doit se contenter de se tuer au travail, d'assister impuissante à un déclin inexorable, et de soulager autant qu'elle le peut, sans lassitude et sans dégoût, les souffrances de la chère malade, plus proche d'Elle sans doute en cette phase ultime de sa vie que toute personne au monde, y compris Lui.

Ce n'est pas qu'il n'y mette pas du sien, au prix d'un méritoire effort qui n'est pas dans sa nature. Il accourt quand elle sonne, il lui tient les mains entre les siennes, il arrange ses couvertures, il essaie de lui faire boire une gorgée d'eau. Si elle se sent ou se dit un peu plus vaillante, il lui fait la lecture ou bien ils se repassent les disques des jours heureux, des jours anciens ; en compagnie de Lilian Harvey, de Sophie Tucker, des Revellers, de Marianne Oswald, de Marlene, ils croient remonter, les yeux grands fermés, le fleuve implacable du temps.

Quand elle est seule, elle allume la radio. Prise dans le flot ininterrompu des romances, des discours politiques sentencieux, des communiqués militaires, elle reste ainsi en contact avec le monde dont elle est retranchée. Rina Ketty, la voix acide, Lucienne Boyer, la voix grave, chantent pour nos chers prisonniers et leurs familles *J'attendrai* ou *Je suis seule ce soir*. Maurice Chevalier, bon pied bon œil et bon moral, invite énergiquement tous les maçons – les ouvriers maçons – à reconstruire à l'unisson la France qui sent si bon. Des chroniqueurs, des académiciens, des cardinaux, des ministres, dans l'occasion le Maréchal lui-même, prêchent l'effort, la continence, la pénitence, la repentance, le sacrifice, la solidarité, le travail, la famille et la patrie. Les Allemands bombardent Belgrade, les Anglais évacuent la Crète, l'invincible Wehrmacht est parvenue aux portes de Moscou et encercle Leningrad, un officier allemand a été abattu à coups de revolver au métro Barbès... La guerre va son train...

Cependant, cherchant le repos et le sommeil qui la fuient, elle est de plus en plus souvent dans un état de semi-conscience où tout se brouille et s'embrouille. Elle se perd entre le passé et le présent, le réel et ses rêves, la guerre dans le monde et cette autre guerre dont son corps est le champ de bataille. Le jour, elle somnole sous l'effet de ses piqûres, la nuit, quand les douleurs reviennent, elle cauchemarde les yeux ouverts. Au début de septembre, il y a un mois qu'on lui a commencé la morphine et qu'ils font chambre à part. Elle a bien dû admettre que c'était, provisoirement, la seule solution raisonnable.

Ne plus sortir, ne plus coucher, ne plus dormir, ne plus prévoir ensemble. Le mal, sous le même toit, les éloigne de toutes les façons, insensiblement, l'un de l'autre. Elle déforme les mots, en invente, elle n'arrive plus à se faire comprendre, elle se fatigue de plus en plus vite, même de l'écouter. Et cela, il ne peut le supporter. Et puis, il y a cette chambre aux persiennes closes, aux rideaux fermés, où se meurent elles aussi dans les vases les fleurs apportées par les visiteurs, où les lampes perpétuellement allumées évoquent avant l'heure

21

une chapelle ardente. Quoi qu'il en ait, il respire mal, lui aussi, dans cette atmosphère confinée, dans ce huis clos où rôde la mort, intruse désormais en tiers dans tous leurs tête-à-tête. Elle l'invite elle-même à se changer les idées en changeant d'air, à sortir un peu.

Ainsi nous apprend-il Paris à grandes enjambées, nous trois trottant menu et peinant à suivre son allure de chasseur à pied. Pédagogue par métier et par goût, il se plaît à nous enseigner les rues et à nous égrener les monuments de la grande ville. Il lui faut aussi préparer sa rentrée – il a été affecté en première au lycée Buffon – et la nôtre – nous sommes inscrits à Montaigne –, il court les librairies, il revoit de vieux amis, cultive des relations nouvelles, renoue avec le Quartier latin et découvre Montparnasse. Il déborde d'activité, il fourmille de projets. Il rapporte à la maison les nouvelles du dehors, un courant d'air frais, une agitation qui la font suffoquer. Il se tourne de plus en plus vers l'extérieur, elle est déjà de l'autre côté.

De son lit, aux rares intervalles de répit que lui laisse l'adversaire, elle guette le bruit de la vie : bruits de la rue, bruits de la maison, bruits de sa nichée, qu'elle aime entendre à la cantonade, trop faible pour la supporter autour d'elle, bruits qui lui parviennent du bureau d'à côté...

C'est dans cette pièce qu'il travaille, environné de ses livres. C'est là qu'il reçoit visiteurs et visiteuses. C'est donc là qu'il accueille un peu trop souvent, beaucoup trop longuement, celle qu'elle a aussitôt baptisée « La Folle », puisque tel est le nom générique dont elle affuble depuis toujours les femmes dont elle croit avoir de bonnes raisons d'être jalouse.

Ce n'est naturellement pas la première femme de prisonnier qui se présente rue Vavin. Mais les autres, c'était réellement pour avoir de première main des nouvelles de l'absent, des détails sur la vie à l'Oflag, que ne pouvaient leur donner les cartes réglementaires. Et elles ne revenaient pas. Celle-ci, elle l'a tout de suite jaugée et détestée, soigneusement maquillée, les sourcils épilés et redessinés, les ongles vernis, longs et pointus, si appétissante, si soucieuse de plaire, si légère dans sa robe à fleurs. Elles se sont vues une seule fois. « Je suis la femme du lieutenant Moineau, un camarade de votre mari. Mon prénom est Jeanne, mais ceux qui m'aiment bien m'appellent Dora », a-t-elle précisé, avec un petit rire de gorge voluptueux et indécent comme un roucoulement de pigeon amoureux. Elles ont échangé une poignée de main. Elle a donc eu un moment une petite main chaude et dodue dans sa main osseuse et froide, et c'était comme si la mort passait le relais à la vie. Très vite, il a emmené cette Dora dans le bureau, « pour ne pas te fatiguer, ma chérie ». Cette première visite du 21 août s'est prolongée plusieurs heures. Elle a été suivie de quatre autres, tout aussi interminables. Il paraît qu'il s'agit de mettre au point l'évasion du lieutenant Moineau. De la Prusse-Orientale à la zone libre en passant par la Suisse, comme dans *La Grande Illusion*. On comprend que la mise au point d'un tel plan demande un peu de temps.

Elle entend le bourdonnement des voix, le gai tintement des cuillers dans les tasses, puis le choc de deux verres. Que font-ils ? Ils boivent du thé, puis du porto en fumant des Gitanes. Tant qu'ils parlent... Mais il y a aussi de longs silences que

ponctue un rire jeune et frais de femme cha-
touillée... Elle n'a pas besoin d'être de l'autre côté
de la cloison. Elle le voit à travers le mur, qui fait
ses beaux yeux, qui joue de ses belles mains, qui
déroule ses beaux discours, qui fait le beau. Elle le
suit dans l'escalier puis dans la rue quand il rac-
compagne « Dora » jusqu'au métro pour s'assurer
qu'elle pourra rentrer chez elle avant le couvre-feu.
On ne saurait être plus délicat. Il prend « Dora »
par le bras, il lui parle à l'oreille, il lui dérobe une
main qu'il baise, il lui prend la taille. Il remonte
enfin et passe lui dire bonsoir, encore tout plein
de sa soirée, encore tout excité de sa course nocturne.

Pauvre bon Claude, comme elle disait autrefois.
Il ment si mal, ou plutôt il se donne si peu de peine
pour faire croire à ses mensonges.

Elle le connaît par cœur, hélas, depuis neuf ans
qu'ils sont mariés. Elle l'a entendu raisonner, elle
l'a vu à l'œuvre. Elle connaît ses théories, elle
connaît sa pratique. Elle sait qu'il est incapable de
résister à quelque tentation que ce soit. Elle sait
que dès qu'une femme, n'importe quel jupon, le
premier chien coiffé, passe à sa portée, il hisse le
pavillon de course, il part en chasse.

Les hommes, lui a-t-il maintes fois expliqué, ont
des besoins, des pulsions qu'il leur faut bien assouvir et qu'il faut bien leur passer. Ce sont fautes
vénielles et qui ne tirent pas à conséquence dès lors
que le cœur n'y a point de part.

Et si les femmes en disaient autant, et si les
femmes en faisaient autant ? La simple hypothèse
lui en est intolérable. Qu'elle couche avec un
homme, qu'elle se laisse embrasser par un
homme, qu'elle se laisse aborder par un homme,

qu'elle accorde seulement un regard à un homme, et tout serait fini, immédiatement. Comment vivre avec une femme qui porterait l'enfant d'un autre, avec une femme qui aurait trahi la foi conjugale, avec une femme qu'il ne pourrait plus estimer ? Mais il sait, depuis le premier jour, qu'il peut lui faire aveuglément confiance. Ou alors, elle ne serait pas la Marguerite qu'il a aimée, qu'il aime, à qui il le prouve, à la fois vierge, amante, épouse et mère.

Mais ces femmes avec qui… ? Elles n'étaient pas toutes célibataires. Mais précisément, si elle savait comme il méprise ces partenaires de rencontre, des créatures capables de tromper leur ami, leur fiancé, leur mari avec le premier venu…

Ce n'est donc pas la première de ses trahisons, tant s'en faut. Longtemps elle a su le tenir en bride. Elle l'a vu se traîner à ses pieds après une incartade jusqu'à ce qu'elle lui ait pardonné. Elle a fermé les yeux pendant les dix mois où, sur la ligne Maginot, il s'est arrangé pour mener une drôle de vie à l'intérieur de la « drôle de guerre », écumant villages frontaliers et villes de garnison, séduisant sans mal – les circonstances, l'uniforme, et les galons combinaient leurs effets – et consommant avec un appétit insatiable postières, coiffeuses, ouvrières, serveuses et filles de ferme, le repas du guerrier.

Mais là, chez eux, presque sous ses yeux et tandis qu'elle agonise, c'est plus qu'elle n'aurait cru. Où ne tombera-t-il pas quand elle ne sera plus là ? Elle n'a plus la force de lui mettre le nez dans ses faiblesses. Elle n'a plus la force de trouver dans les ressources d'un amour toujours renouvelé de nouvelles réserves d'indulgence. Elle n'a plus la force de lui en vouloir, plus la force de lui pardonner, plus la force de rien.

Du jour au lendemain, il cesse de nous emmener faire le marché avec lui aux Halles. Il se débrouille mieux tout seul. Du jour au lendemain, il lui faut trois fois plus de temps pour acheter ses cigarettes. Les queues sont interminables. Du jour au lendemain, il décide d'aller travailler au café. Il n'y a que là qu'il trouve la concentration qui lui est indispensable.

Pendant que sa vie s'en va, la vie continue. La maladie étend ses ravages, il poursuit son avantage. Les mains, les bras, la taille, les yeux, les dents, les paupières, le sein, la bouche, la chambre, le lit, il couche sur le papier comme il a toujours fait la chronique de cette conquête, il évalue le terrain gagné, suppute la durée de la résistance adverse, note les positions emportées, organise les ultimes offensives, programme la reddition de la place.

Il a beau nourrir une complaisance infinie envers lui-même et n'avoir en amour d'autre morale que celle de son plaisir, il n'est pas particulièrement fier de lui. Il sait que « vu de l'extérieur », comme il dit, ce qu'il fait est ignoble, et Dora le sait aussi. Elle trompe – c'est courant, c'est médiocre – son mari prisonnier. Lui trahit la confiance d'un camarade absent et sa femme mourante. Mais quoi, il est jeune, il a du tempérament, sa chasteté commence à lui peser. Le corps a ses raisons. Quel mal y a-t-il à se faire du bien du moment que Marguerite n'en sait rien ?

« *Pourvu qu'elle ne sache pas !* » Mais elle a vu, mais elle a su. Et moi-même, j'ai toujours été persuadé que, je ne sais comment, *je l'avais vue les voir.*

Malgré les médicaments, malgré la morphine, elle ne pouvait dormir. Elle a réussi à se lever seule. En s'appuyant au mur, au dossier d'un fauteuil, elle a titubé jusqu'à la porte, qu'elle a ouverte. Elle est apparue, appuyée contre le chambranle, livide comme un spectre sortant du tombeau, dans sa longue chemise de nuit. Ils ont eu beau s'écarter vivement, elle avait eu le temps de les surprendre, assis côte à côte et feuilletant un album de photos. Leurs cheveux se frôlaient, leurs mains se touchaient et elle a éprouvé, juste avant de partir, résignée à l'inévitable mais révoltée devant l'injustice, cette ultime douleur, bu la dernière goutte du calice. Dora a pris congé, un peu vite. Il l'a recouchée gentiment, il l'a grondée de s'être levée, quelle imprudence, tu es folle, mais non il n'y a rien, qu'est-ce que tu vas croire, il lui a caressé la main, les cheveux. Elle a pleuré bien avant dans la nuit, le cœur crevé.

Dans l'après-midi du 5 septembre, enfin, la victoire est à lui. Cela se passe dans une chambre d'hôtel, à cent mètres de la maison, et cela se passe très bien, paraît-il. Une seule perte à déplorer, celle de sa bague de fiançailles, bêtement tombée au creux du lit.

Elle n'a plus que cinq jours à vivre.

Sa vie s'en va comme une lampe s'éteint. Elle a trente et un ans, quatre enfants inconscients, un mari infidèle. Elle s'enfonce seule dans la nuit.

Elle n'est plus

Elle est morte le 10 septembre 1941 au soir, dans un grand éclaboussement de sang. Un vaisseau s'était rompu.

Lorsqu'on nous fait entrer dans sa chambre le lendemain matin, tout a été nettoyé. Hélène a procédé à la toilette. Tout l'appareil médical qui accompagnait sa souffrance a disparu, comme a disparu le bric-à-brac de livres, de boissons, de fruits, de biscuits, qui encombrait sa table de nuit. Elle est couchée parmi les marguerites et les roses, enfin paisible. Une ombre de sourire flotte sur son visage. Si l'on pensait, et l'on pensait apparemment, que le spectacle de notre mère morte, étendue sur ce lit, donnerait lieu de notre part à des cris, à des pleurs, au moins à une manifestation quelconque de notre chagrin, donc de notre sensibilité, on se trompait. Rien. Lèvres pincées ou bouche ouverte, nous attendons sans mot dire qu'on nous dise quand repartir dans notre chambre. Notre père semble déçu et un peu dérouté.

Recluse dans la solitude de sa maladie et n'en prévoyant pas l'échéance fatale ou du moins si prochaine, elle ne nous y avait préparés d'aucune manière. Ni elle ni personne. On nous demandait seulement d'être sage. Nous continuons. On ne nous a rien fait répéter. C'est la première fois que notre mère meurt, et nous sommes incapables d'avoir aucune réaction, ni gestes ni paroles, encore moins de faire une déclaration officielle.

À vrai dire, nous ne savons rien de la vie et de la mort. Nous sommes pour ainsi dire nés, en tout cas nous avons grandi sans en-deçà, sans par-delà, sans par-dessus, sans rien. Tout au plus, en bon athée soucieux de ne pas nous laisser croupir dans la superstition, notre père a-t-il tenu à nous résumer à grands traits et à bien nous enfoncer dans le crâne son credo de libre penseur. À peine étions-nous capables de parler et supposés comprendre, nous avons été dûment informés de la non-existence de Dieu, de ses saints, de son enfer, de son paradis et autres mômeries. L'âme et l'immortalité ne sont que de pieux mensonges. Avant la vie, après la mort, c'est tout comme, il n'y a rien. D'où venons-nous ? De nulle part. Où allons-nous ? Au néant. Pas de quoi faire une histoire de l'entre-deux, en somme. Nous l'écoutons, nous le croyons, pour nous l'inanité du monde est article de foi.

Pourtant, il nous demande de faire comme si la morte ne l'était pas tout à fait, il nous dit que si nous pensons très fort à elle, si elle demeure quelque part vivante en nous, elle continuera d'être parmi nous. Nous avons du mal à comprendre.

Il nous emmène en pèlerinage au cimetière d'Ivry parisien. C'est aux portes mêmes de Paris, à deux pas du terminus du métro, mais cela nous semble une expédition. Il est vrai que nous y allons à pied, par économie. Il s'avisera heureusement un jour que ce qu'il gagne sur le prix du transport, il le perd en ressemelages. Nous nous traînons le long d'avenues interminables, nous longeons de hauts murs aveugles. Nous arrivons le ventre creux, la tête vide. Il ne donne pas dans les chrysanthèmes, les dahlias, les hortensias, les plantes en pot sous papier cristal et autres symboles conventionnels du deuil bourgeois. À l'entrée du cimetière, il achète des fleurs, les plus simples possible, c'est son côté Victor Hugo, « *un bouquet de houx vert et de bruyère en fleur* ». Il prend des marguerites, éponymes de la morte, quand il y en a À défaut, quelques roses.

Nous avons chaque fois autant de mal à nous orienter, nous errons d'allées en divisions, entre des carrés tous semblables, tirés au cordeau, bordés de monuments dérisoires. La tombe de notre mère est une des seules que n'orne, ni ne somme, ni ne signale une croix. C'est une dalle toute nue. Un prénom, un nom, deux dates en creux. Pas d'ornements, pas de photos, l'austérité même.

Papa n'a pas seulement l'air encore plus sévère que d'habitude – à force de froncer le sourcil, deux rides parallèles se sont creusées sur son front, de part et d'autre du nez – mais presque toujours mécontent. Nous le regardons craintivement, à la dérobée. Il rassemble d'un geste nerveux les cadavres de fleurs qui achèvent de se décomposer – qu'elles datent de notre dernière visite ou que d'autres mains les aient déposées là – et dont les tiges desséchées et noircies font déjà corps avec la pierre. Il expédie l'un d'entre nous les jeter dans le plus proche des bacs, remplis de terre et de débris, prévus à cet effet. De la main et de la pointe du gant, il balaie les poussières et les suies parisiennes qui se sont déposées sur la tombe. Nous l'aidons maladroitement à nettoyer celle-ci des brindilles et des mousses qui s'y sont incrustées. Il dispose, une à une, les fleurs nouvelles. Il s'immobilise enfin, silencieux, au garde-à-vous, nous à ses côtés, également muets, par ordre de taille, calquant notre attitude sur la sienne, mimant le recueillement, surveillant la contenance les uns des autres, et attendant que ça se passe.

Que pense-t-il ? Que pensent mes frères ? Pour moi, je ne pense rien, je n'évoque rien. Le vide. Des moments creux et faux. Quel sens cela a-t-il ? Je n'imagine rien de ce qu'il peut y avoir sous terre. Je n'imagine pas qu'il puisse y avoir quoi que ce soit au ciel. Elle n'est pas ici plus qu'ailleurs. À chaque visite, son visage un peu plus s'efface. Nous l'oublions jour après jour. Pourquoi est-elle partie ? A-t-elle seulement existé ?

Brusquement, ayant compté le temps du souvenir sur la trotteuse de je ne sais quel mystérieux chronomètre, comme ces ordonnateurs de cérémonies officielles qui décident de la durée des minutes de silence, il s'ébroue et donne le signal du départ. Nous le suivons, allongeant le pas et haussant le ton à mesure que nous approchons de la sortie. Nos retours sont immanquablement gais et bavards.

Notre grand-père paternel, qui est artisan graveur, a dessiné d'après nature un beau portrait de la morte. Il calligraphie également sur une feuille de papier à dessin artificiellement vieillie, dans la manière des manuscrits à peinture des moines copistes, un poème de quatre lignes que **Papa** a écrit à notre usage. Cela s'appelle *Pensée du soir* :

« Maman qui as souffert et qui es morte,
Je pense à toi ce soir avec amour,
Tu n'es plus là, mais dans mon cœur je porte
Ton souvenir : là tu vivras toujours. »

À l'ombre du M initial, M comme Maman, et comme Marguerite, inscrit dans une enluminure sur fond bleu, une marguerite sort de terre, éclairée par les derniers rayons d'un soleil rasant.

Tous les soirs en effet, au moment de nous coucher, notre père nous réunit devant cette imitation de parchemin simplement punaisée au mur de notre chambre pour cette imitation de prière que nous marmonnons en chœur, l'esprit ailleurs.

Nos grands-parents maternels ne nous abandonnent pas dans l'épreuve. Dès le lendemain de l'enterrement, notre grand-mère, flanquée de notre jeune tante Suzy, dite Zézette, sa fille cadette et préférée, entreprend l'inventaire méthodique des armoires, des placards, de la penderie. Main basse sur les robes, les fourrures, les bibelots, voire les bijoux : « De toute façon, elle ne les mettra plus ; ça peut toujours servir... Là où elle est, elle n'en a plus besoin, la pauvre ! » Tout s'en mêle : le réalisme, la cupidité, l'esprit de revanche. On enrichit sans bourse délier la garde-robe de Zézette, on récupère d'anciens cadeaux, on dépossède symboliquement un gendre honni.

Il n'a jamais franchement sympathisé avec ses beaux-parents, et réciproquement. Ils aiment tout ce qu'il déteste. Ils détestent tout ce qu'il aime. Ils ne jurent que par le travail, la famille, la patrie, l'ordre et l'épargne. Ils ont en horreur la littérature, l'art, le cinéma, la politique et les bistrots. Ils habitent le VIIIᵉ arrondissement où il n'avait jamais mis les pieds qu'un mémorable Premier mai, le poing levé, avant de leur présenter sa demande en mariage. Ils croient en Dieu, en tout cas ils le vénèrent et le pratiquent, tous les dimanches à Saint-Philippe-du-Roule.

Ce mariage, ils l'ont toujours considéré comme une catastrophe et il n'y aurait pas besoin de les pousser beaucoup pour leur faire voir, dans la mort de Marguerite comme dans la défaite de la France des congés payés, un châtiment divin.

Eh quoi, avaient-ils mis au monde et élevé vingt-deux ans durant, dans les bons principes et les bonnes manières, une adorable petite fille modèle, l'avaient-ils fait baptiser, communier, confirmer, l'avaient-ils confiée au Couvent des oiseaux, inscrite à l'Institut catholique, pour la voir se jeter à la tête d'un petit professeur révolutionnaire, athée, libertin, contempteur forcené de la bourgeoisie et de toutes les valeurs auxquelles ils croyaient, au premier rang desquelles ont toujours figuré Rio Tinto Zinc, General Electric et Penarroya ? Quelques semaines ont suffi au vil suborneur pour endoctriner, pervertir et convertir leur petite merveille. Ils ne lui ont jamais pardonné ce détournement de majeure ; de ce jour, toute leur affection s'est reportée sur Zézette et, par la suite, sur tout ce qui en est sorti.

Du moins notre grand-mère, au prix de ruses de Sioux toujours en embuscade sur le sentier de la guerre de religion, a-t-elle toujours réussi à préserver l'essentiel, sans hésiter, pour la bonne cause, pour barrer la route à Satan, à berner le mécréant.

À Metz, où Jean est venu au monde dans une maternité tenue par des religieuses, elle n'a même pas eu à intervenir. L'ondoiement est de rigueur dans l'Alsace-Lorraine régie par le Concordat. À Bourges, en revanche, où sa fille aînée, ayant contracté une fièvre puerpérale, était restée trois semaines entre la vie et la mort, elle a profité d'un moment où son gendre avait le dos tourné pour faire administrer à Alain le sacrement du baptême. À Poitiers, enfin, elle a fait un brillant coup double. Les circonstances, au vrai, étaient particulièrement favorables : le gendre prisonnier de guerre, la fille clouée au lit, la voie était libre pour faire baptiser ma sœur nouveau-née et régulariser ma propre situation. Et voilà comment on fabrique de bons petits chrétiens – pour les statistiques. Autant de pris à l'ennemi.

La mort de Marguerite fait tomber les masques. Des vérités tenues sous le boisseau pendant neuf ans sont échangées. La belle-mère est priée sans aménité de ne plus remettre les pieds rue Vavin. Le gendre est avisé qu'il n'est plus *persona grata* rue de la Neva. Nous sommes informés que ces grands-parents-là sont des affreux et des ridicules. Tout au plus sont-ils autorisés à nous inviter à goûter tous les quinze jours. Ils nous laissent donc entendre à demi-mot, deux fois par mois, ce qu'ils pensent de notre père, de la vie qu'il a fait mener à notre mère, de celle qu'il mène et nous fait mener.

Petite ombre au tableau. Pour le reste, nous vivons un véritable état de grâce. Tout le monde est si gentil avec nous. À Poitiers les Brouchon et les Ferré, compagnons de route du Front populaire de la Vienne, à Angoulême les Paumier, vieux amis du Quartier latin, offrent d'héberger en cas de besoin une partie ou la totalité des petits Jamet. De bonnes dames qui ont bien connu Maman nous invitent à de somptueux déjeuners dans leur propriété de

Ville-d'Avray et nous regardent nous bâfrer avec un attendrissement disproportionné à sa cause. Les commerçants du quartier sont gentils. Nos voisins sont gentils. « Vous savez, ce sont les enfants du 15, ils viennent de perdre leur maman. » Nos camarades de classe sont gentils et, s'ils oublient de l'être, se font immédiatement rappeler à l'ordre par la maîtresse. Cahiers mal tenus, leçons non apprises, quoi de plus naturel ? Les parents de nos camarades sont gentils. Même les passants dans la rue, même les voyageurs du métro ont pour nous des attentions, des ménagements, et nous témoignent de l'intérêt.

Nous savons parfaitement ce qui nous vaut égards et considération : c'est le brassard de crêpe noir à notre manche, c'est le ruban noir qui barre notre revers. Nous avons plus de succès encore lorsque nous nous déplaçons en formation et que l'on se demande à la cantonade comment ce père se débrouille sans femme, comment vivent ces enfants sans mère. Si jeune et déjà veuf, voilà qui pose son homme, si petits et déjà orphelins, cela fait pitié. Le deuil nous sied au teint, et, tirant une fierté des plus courantes du malheur qui nous distingue, nous l'exploitons sans vergogne en parfaits cabotins. Tout nous est dû et nous en profitons.

Le 1er octobre, nous rentrons à Montaigne – sur le papier. Les bâtiments du lycée, rue Auguste-Comte, étant occupés par la musique de la Luftwaffe – les gens disent « Lutwaffe » – les petites classes (j'entre en dixième) ont été transférées à l'école de la rue des Feuillantines, bâtie là même où Sophie Trébuchet, comtesse Hugo, élevait ses trois garçons et abritait ses amours, deux fois clandestines, avec un proscrit.

L'école est un jeu où j'excelle. C'est si facile. Les autres apprennent péniblement à lire, à écrire, à compter. Il y a deux ans que je sais tout ça, le français, la grammaire, l'orthographe, l'histoire, les additions, les soustractions, les poésies. Je me laisse porter par la vague.

Dès le début de l'année, Marie-Thérèse Moustier et moi sommes en compétition pour le prix d'excellence. C'est la fille de nos voisins du dessus. Midi et soir, nous rentrons ensemble de l'école et, tout naturellement, je monte avec elle jusqu'au troisième. Amoureux ? Non. Ce sont des inventions d'adultes. Pourtant, j'aime bien les yeux marron de Tessa – c'est le diminutif que lui donnent ses parents. Je m'entends bien avec elle. Il est donc admis que nous sommes fiancés, et que je suis agréé par mes futurs beaux-parents. Étendu auprès d'elle, à plat ventre sur la moquette, je lis les merveilleux albums de *Babar*, je découvre la fascinante série du *Prince Éric*. À cinq heures, nous buvons du chocolat. Sa mère, en l'appelant pour le dîner, donne le signal de la séparation.

Ces voisins sont quasiment nos symétriques. Le père est professeur, lui aussi. Leur appartement est disposé et peu ou prou organisé comme le nôtre. Enfin, ils ont également quatre enfants – deux garçons et deux filles – à peu près dans nos âges.

Deux différences, pourtant, sautent aux yeux : d'abord cette moquette beige, épaisse, toute neuve, où je me sens si bien. Ensuite, les enfants ici ont encore leur maman. L'un comme l'autre mettent de la douceur dans la maison. Une différence supplémentaire apparaîtra à l'usage : les Moustier sont des gens sans histoires ou, s'ils en ont, ils les gardent pour eux.

En somme, qu'est-ce que cette mort change dans notre vie ? Elle s'était insensiblement éloignée de nous, bien avant de partir. Hélène tenait déjà tout, et nous-mêmes, dans sa grande main rude et franche de paysanne polonaise. Nous sommes encore habillés en enfants sages, en série, à la mode de l'époque, soit en petits messieurs, soit en costume marin. Sur les photos de cet automne, nous avons encore nos visages d'avant ; un signe qui ne trompe pas. Nous vivons sur nos stocks de tendresse et de nourriture.

Jean et Alain, plus âgés que moi de trois et deux ans, assurent qu'ils se rappellent Maman. Mais s'il leur arrive de prononcer son nom ou d'évoquer son souvenir, ce n'est jamais que dans le feu d'une querelle, pour étaler leur supériorité d'aînés qui se souviennent et ont du cœur. Plus tard, elle sera invoquée dans l'occasion comme une preuve de légitimité vis-à-vis des femmes venues d'ailleurs avec leurs bâtards. Au mieux, c'est une manière fruste de dire que c'était mieux avant. Mais entre nous, nous ne parlons jamais vraiment d'elle, et je suis persuadé qu'ils l'ont oubliée, comme je l'ai fait.

Elle n'est plus. Ou si elle existe encore quelque part au fond de nous-mêmes, c'est si profond que nous ne savons plus où. Ainsi, autrefois, dans les temps de grandes peurs et de grandes catastrophes, épidémies, invasions, guerres, les pauvres gens enfouissaient-ils si bien ce qu'ils avaient de plus précieux qu'une fois le péril passé, ils étaient incapables à leur retour de retrouver le trésor caché.

Orphelin est un mot que nous ne prononçons jamais, qui ne franchit pas nos lèvres. On n'est pas orphelin, n'est-ce pas, quand on a son père.

Un homme occupé

Seul maître à bord, quelle responsabilité ! Jamais il ne l'avait envisagée. Il n'y est en rien préparé. Avant comme depuis son mariage, tout souci et toute sujétion matériels lui avaient été épargnés. Il avait toujours été servi – et le premier – entouré, adulé. Il n'avait à se donner la peine que de mettre les pieds sous la table. Même sur la ligne Maginot, même à l'Oflag, il avait son ordonnance, et le destin cruel le contraindrait à retirer ses gants, à faire la plonge, à aller au charbon ! Il est loin encore d'avoir pris la mesure de ce qu'il vient de perdre, mais il vacille sous la charge écrasante qui lui tombe dessus. « Ma vocation, dit-il drôlement, ce n'était pas d'être père, c'est d'être fils. » Il a beau donner des cours magistraux, rédiger des articles péremptoires, juger, trancher et pontifier, se donner des airs de grande personne, dans le fond il est resté un tout-petit. Nous poussons à l'ombre d'un arbre qui aurait lui-même besoin d'un tuteur.

Faire notre éducation et nous donner un foyer, la tâche est au-dessus de ses forces. Il fait assurément de son mieux, de préférence dans sa sphère de compétence. Il nous fait la lecture, il oriente nos rédactions, enrichit notre vocabulaire, châtie notre syntaxe, corrige notre orthographe, il nous fait découvrir les grands auteurs et les grands peintres, il nous emmène au cinéma, il fait en sorte que nous croyions vrai et jugions beau ce qui lui semble tel.

Il nous apprend également à utiliser, à l'anglaise, couteau et fourchette, à placer notre pain à gauche de l'assiette, à ne parler à table que si l'on nous interroge. Ces points fondamentaux et les grandes règles de la politesse nous sont inculqués à grand renfort de pichenettes, discipline mineure, certes, mais où il excelle. Ses leçons d'humanisme en prennent un petit air spartiate.

C'est tout. Ce n'est pas rien. Ce n'est peut-être pas assez. Pour ce qui est de la gaieté, de la bonté, de la tendresse, ces mots, sans doute, ne figuraient pas dans ses livres. Sur un tout autre plan, il a beau essayer de tenir les comptes, d'assurer les approvisionnements, de tout contrôler, il ne maîtrise rien. Ses centres d'intérêt sont ailleurs.

Il brûle de « se jeter dans l'action », comme il dit. Il entend par là le type d'action qui est dans ses cordes, celles qu'on mène la plume à la main ou du haut d'une tribune, celles qui passent par le mot, le discours, la pensée. Le moment est-il vraiment bien choisi pour se lancer dans le journalisme, la littérature, voire la politique ? Il écarte l'objection d'un haussement d'épaules ou d'une chiquenaude : il a la fierté de son génie et l'âge de ses artères. Il a des choses à dire, sa vie n'aura de sens que s'il se hausse au rang de ceux qu'il admire et que l'on admire, il est jeune, il n'a pas le temps d'attendre.

Ce n'est certes pas lui qui reprendrait le discours tour à tour martial, larmoyant et vindicatif des beaux messieurs, des vieux messieurs, des généraux, des amiraux, des technocrates de Vichy, sur la faillite de la démocratie parlementaire, la responsabilité de la ploutocratie judéo-maçonne et des élites cosmopolites dans notre décadence et notre défaite, le rôle néfaste de Proust, Gide, Cocteau, Gallimard et autres corrupteurs de la jeunesse, la nécessité de faire la Révolution nationale pour rebâtir la maison France sur la base des vraies valeurs que sont le travail, la famille, la patrie et préparer, comme après 1870, le redressement et la revanche. Pas davantage ne partage-t-il la fascination de Brasillach, son camarade de promotion et adversaire idéologique à l'École, pour le fascisme immense et rouge, hymne à la jeunesse et à la beauté du monde. Il n'est certes pas du parti de l'ordre nouveau. Mais il en prend aisément son parti.

Il professe, converti à jamais par son maître Alain au pacifisme intégral, au pacifisme intégriste, qu'il n'est pas de mal qui soit pire que la guerre. Il a estimé, avec toute la France ou presque, au moment de Munich, qu'il valait mieux sacrifier les Sudètes et même la Tchécoslovaquie à la paix que la paix aux Sudètes et même à la Tchécoslovaquie ; il disait avec Déat qu'il ne fallait pas mourir pour Dantzig ; il a constaté comme tout le monde que nous avions fait la guerre et que nous l'avions perdue ; il croit comme Laval, comme la quasi-totalité des militaires et la grande majorité des intellectuels, à la victoire finale de l'Allemagne. Il en déduit, logiquement, que la France n'aura sa place dans l'Europe nouvelle qui se construira après la paix sous l'autorité d'un vainqueur apaisé par sa victoire même, que si elle joue pleinement et loyalement le jeu de la réconciliation franco-allemande, sans laquelle le Vieux Continent ira fatalement à une quatrième confrontation, à une quatrième catastrophe, pire que les précédentes. D'un mal peut sortir un bien. Ne sommes-nous pas en train d'assister par un détour inattendu à ce que Hegel et Marx appelaient une ruse de l'Histoire ? Des décombres d'une défaite sans précédent pourrait bien surgir victorieuse l'utopie calomniée qui a failli sombrer tant de fois. Relevons la bannière de Hugo, Jaurès, Alain, Briand, ne refusons pas l'occasion que nous offre l'Histoire, qui ne repasse pas les plats.

Or, voici, divine surprise et miraculeuse confirmation, que la censure autorise la sortie en zone occupée d'un quotidien de gauche : *La France socialiste*. Alors, quand le directeur politique de ce journal, son camarade Château, normalien comme lui, disciple d'Alain comme lui, pacifiste comme lui, de plus franc-maçon notoire et député radical dans la Chambre du Front populaire, lui propose d'y tenir le feuilleton littéraire, il ne laisse pas passer cette occasion de contribuer, même modestement, à la propagation des idées qui ont toujours été les siennes : le socialisme, le pacifisme, la démocratie, autrement dit le pain, la paix, la liberté, la vieille trilogie du Comité Amsterdam-Pleyel, du Comité de vigilance des intellectuels antifascistes et de son cher vieux Front populaire.

Dans son enthousiasme – dans sa candeur ? – il ne s'interroge pas sur l'étonnant libéralisme des autorités d'occupation. En fait, la représentation allemande à Paris, élevée au rang d'ambassade sans être accréditée auprès du gouvernement français, autrement dit Son Excellence Otto Abetz, joue Paris contre Vichy, Laval, Déat, Brinon contre Pétain, Darlan, Weygand, la gauche contre la réaction, la collaboration contre la Révolution nationale. Berlin approuve : tout ce qui divise les Français est bon.

Joli coup, au demeurant. *La France socialiste* est faite pour séduire et séduit en effet un lectorat et un électorat nostalgiques de la presse et des partis de gauche. Quelque temps. Si attrayantes que soient les couleurs du pantin, si habiles que soient les manipulateurs, le public finit par repérer les ficelles et la main qui les tire. La diffusion chute et l'ambassade, à la mi-43, coupera elle-même les ailes de ce canard qui a toujours eu un fil à la patte.

En attendant, il fait le meilleur usage de sa tribune d'occasion. Il y apporte un ton et une originalité, dans la forme comme sur le fond, qui ne passent pas inaperçus. À mi-chemin entre la compétence universitaire et le brillant journalistique, il sait être didactique sans être ennuyeux. Mais surtout, il ne borne pas son horizon aux gloires à la mode. Son champ ne se limite pas à Montherlant, Céline, Chardonne et Jouhandeau. Il rend des hommages remarqués aussi bien au Péguy de la croisade antidreyfusarde qu'à Proust, Romain Rolland, Claudel, Giraudoux, Mauriac ou Sartre. Rien n'a changé dans sa bibliothèque imaginaire et il se targue de parler de qui lui plaît comme il l'entend. Libre en somme. À ceci près que l'actualité de l'édition lui impose de rendre compte de ce qui paraît en librairie, excluant du même coup aussi bien ceux qui ont décidé de ne rien publier tant que durera l'Occupation que ceux qui sont interdits de publication. À ceci près que ce qu'il écrit lui-même est soumis à la censure. De même, s'il n'a pris à proprement parler, nominativement, la place de personne, il a choisi de jouer « perso » sur un terrain d'où sont exclus, outre un million et demi de prisonniers, ceux qui ne présentent pas les garanties exigées du point de vue politique ou racial. La période est favorable à ceux qui acceptent d'y faire leurs débuts... Fermé aux uns, le marché de l'emploi est par là même faussé au profit des autres. La société ayant horreur du vide, il y fait son trou.

Mais sa grande affaire, sa grande ambition, son désir obsessionnel, c'est de voir éditer le Journal qu'il a quotidiennement tenu de 1939 à 1941, lieutenant sur le front d'Alsace pendant la « drôle de guerre », pris dans la Blitzkrieg en mai-juin 40, prisonnier de guerre enfin, pendant près d'un an, d'abord à Sarrebourg puis dans un Oflag au fin fond de la Prusse. Où chacun, et d'abord notre haut commandement politique et militaire, fauteurs et conducteurs de la guerre confondus, en prend pour son grade. Il y a de quoi dire, en effet. Mais il y en a pour tout le monde, officiers et soldats, alliés et adversaires, Hitler, Churchill et Reynaud. Il voit à juste titre dans ces petits carnets qu'il a traînés partout avec lui et pu soustraire à tous les désastres et à toutes les fouilles un document vrai, un témoignage à la fois singulier et typique, utile à la connaissance des faits et à la compréhension des états d'esprit, reportage sans concessions et sans retouches, exact et pittoresque, analyse de la cascade d'erreurs qui a fait de la puissance dominante en Europe un pays vaincu et coupé en deux, dénonciation d'une guerre absurde et de l'absurdité de toute guerre.

Les lecteurs, amateurs ou professionnels, à qui il a lu ou communiqué son manuscrit, l'apprécient en effet. Mais les uns comme les autres le mettent en garde. « Vous êtes jeune, lui dit simplement madame Brouchon, vous avez le temps. Quel besoin avez-vous de vous compromettre ? Votre heure viendra. Vous serez grand, l'égal des plus grands. Ne soyez pas impatient, et l'avenir vous appartient. »

Plus explicite et plus professionnel, Vaubourdolle, directeur de collection chez Hachette, prévoit aisément ce qui va se passer : « Tel qu'il est, votre livre est parfait, juste, équilibré. Tout honnête homme ne peut qu'y souscrire. Mais dans les conditions du moment, le contrôle allemand laissera passer ce qui peut lui être utile et censurera tout ce qui peut nuire aux intérêts ou simplement à l'image de l'Allemagne. Votre livre, s'il paraît, ne sera pas celui que vous avez écrit et que j'ai lu. Il sera déséquilibré, donc vous passerez pour un observateur partial ou manipulé. Ayez l'abnégation de le garder pour vous et d'attendre le jour où toutes les vérités seront bonnes à dire. »

Il n'a cure des avertissements et des conseils d'ami. Il est trop taraudé par l'envie de voir son nom sur la couverture d'un livre. Son tout neuf statut de journaliste, sa notoriété naissante et l'appétit persistant du public pour les livres de guerre amènent un éditeur à accepter le manuscrit. Les *Carnets de déroute* paraissent à la rentrée 1942, au prix de quelques coupures substantielles dans les passages désobligeants pour l'Allemagne. La bienveillante censure ne s'est formalisée en revanche ni de la dénonciation du militarisme et de l'inorganisation français ni des jugements acerbes portés sur le bellicisme et l'égoïsme britanniques.

Répondant à madame Brouchon qui lui fait doucement reproche de son inconséquence, il fait flèche de tout bois, et pare son impatience du plus noble prétexte : s'il a tant souhaité publier son livre, c'est qu'il en avait fait la promesse à Marguerite. Allez-vous cesser de vivre, allons-nous cesser de respirer aussi longtemps que durera l'Occupation ? La France va-t-elle entrer en hibernation, rester silencieuse ? N'est-ce pas la logique même de la vie, n'est-ce pas le devoir individuel de chacun de continuer à faire ce qu'il doit faire, là où il est, du mieux qu'il peut ? Au reste, la vie intellectuelle, la vie littéraire a recommencé normalement : la *NRF* a repris sa parution. Faudrait-il ne laisser la parole qu'aux écrivains déjà célèbres, créer pour la première fois depuis quatre siècles une solution de continuité, interrompre le cours de la littérature française ? Est-ce parce qu'on ne peut pas tout dire qu'il ne faudrait rien dire ? Soyons pascaliens : faisons comme si les Allemands devaient être là pour toujours. S'ils sont victorieux, la France aura continué de vivre. S'ils sont vaincus, la République revivra. Dans les deux hypothèses, le pari est gagnant. Soyons philosophes : faisons comme si les Allemands n'étaient pas là. Ignorons-les : la vraie liberté n'est-elle pas intérieure ? Même esclave, personne ne peut m'enlever cette liberté-là. Et ainsi de suite...

Entre la préparation de ses cours, son service à Buffon, la correction de ses copies, ses articles, son livre maintenant, où trouverait-il du temps pour s'occuper de nous, je veux dire des médiocres contingences et des basses nécessités de la vie courante ? Il travaille moins dans son grand bureau tapissé de livres que dans les grandes brasseries éclairées et chauffées de Montparnasse. Ici et là, dûment et constamment ravitaillé en café, en thé, en lait, en sucre ou en saccharine, en beurre ou en margarine, en biscottes et en confitures, il traverse l'époque comme les voyageurs de l'espace dans les romans de science-fiction, à l'intérieur d'un compartiment étanche qui le protège du froid et le préserve des météorites. Il a bien trop d'*occupations*, et trop absorbantes, pour s'apercevoir de celle que subit la France.

La France socialiste lui a donné un nom, les *Carnets de déroute* ont été bien accueillis par la presse et le public. Il se laisse emporter par le tourbillon de la vie.

La première venue

Cette défroque de père de famille exemplaire, condamné à la solitude par un arrêt du destin, muré dans son chagrin, vissé à son devoir, que les circonstances l'ont amené à endosser sous l'œil apitoyé de la société, le gêne aux entournures. Certes, le rôle est beau, et chaque matin il en reprend volontiers la pose, il affiche en permanence le rictus crispé d'un héros du monde moderne, il connaît son texte et lance avec application ses répliques. « Je n'avais d'ambition que pour elle », gémit-il. « Elle vous mettait en valeur », rectifie gentiment madame Brouchon venue nous rendre visite à Paris. Mais sa vertu, enfin, commence à lui peser. Le ténébreux, le veuf, tant qu'on voudra, mais l'inconsolé...

Il ne se voit décidément pas blanchir sous le harnois racorni d'un petit prof chargé d'âmes, de cours et de copies, sacrifiant son avenir à celui de ses enfants et de ses élèves, et n'ayant d'autre joie que de retrouver le portrait de sa femme dans le visage de sa fille. Entre le côté de chez Rastignac et le côté de chez Goriot, il n'y a pas daguerréotype. Paris ouvre tant de portes, permet tant de rencontres. Son irrésolution est vite prise : les tentations sont faites pour qu'on y succombe.

Après tout, à trente ans, la vie ne fait que commencer. Le cœur fût-il muet, le corps a ses raisons, ou plutôt ses exigences. Ce grand lit froid est trop froid pour un homme jeune, trop grand pour un homme seul...

Madame Brouchon lui rapporte un mot de Marguerite, un cri du cœur dans un jour d'amertume et de désespérance. « Claude, lui avait-elle dit, je ne lui donne pas quinze jours pour m'oublier, trois mois pour me remplacer. La première venue fera l'affaire. »

La première venue ? En tout cas la première revenue. Dora excelle à se faire désirer, à s'enfuir sous les saules, en regardant si on la suit. Elle a eu le « tact » de s'éclipser en septembre, puis elle avait disparu, le temps d'un périple en zone libre, d'amis en amis, paraît-il, sur lequel et sur lesquels elle reste très mystérieuse. Il s'agit toujours, apparemment, d'organiser l'évasion du lieutenant Moineau. (L'intéressé, en fait, devra attendre la capitulation de l'Allemagne pour quitter son Oflag par les voies les plus régulières et les plus banales.) Elle rentre à Paris au début de novembre 41. Il tombe à ses genoux.

Le 25 décembre au matin, Dora fait son apparition rue Vavin, comme si dans la nuit elle était tombée par la cheminée. S'il n'avait tenu qu'à lui, elle serait descendue plus tôt parmi nous. Elle a été raisonnable pour deux. C'est le joli cadeau de Noël, livré en peignoir et en pantoufles, que nous n'avions pas demandé.

Elle est venue sans bagages, sans autres armes que ses charmes, dont elle n'est ni inconsciente ni honteuse. Elle s'installe sans tambours, sans trompettes, et sans explication. Je ne sais pas, nous ne saurons jamais d'où elle vient. Elle est comme l'homme sans ombre de la légende espagnole : sans passé, sans famille, sans entourage. Nous la regardons à loisir, éblouis peut-être, étonnés sûrement.

Elle n'a que vingt-quatre ans. Elle est jeune, elle est brune, elle est belle. Elle a la peau douce, sans un défaut, lisse comme si elle était enduite d'huile d'olive vierge. Tantôt elle noue d'un chignon strict, tantôt elle déroule et peigne, tête penchée, ses longs cheveux brillants de vahiné. Elle est ronde et pourtant fine, chacun des deux là où il faut. Elle révèle ou suggère sans parcimonie les avantages dont Dame Nature lui laisse l'usufruit, ses jolies jambes, sa taille bien prise, ses mignons petits muscles. Elle est encline à la gaieté, et rit d'autant plus qu'elle aime montrer ses dents éclatantes. Toujours sautillant d'une fantaisie, d'une lubie, d'un passe-temps l'autre, elle tient de la puce et du passereau. Elle est si vive, si animée, qu'on ne lui remarque pas d'abord un œil brun et rond, avec un blanc tirant sur le jaune, comme on voit aux oisons. Si elle n'a pas de suite dans les idées, c'est aussi qu'elle n'en a guère. Nous apprendrons à la connaître. Nous n'en sommes qu'à la découvrir.

Elle aime le chocolat, les sucreries, les confiseries, les blagues idiotes. Elle introduit dans l'austère culture familiale les jeux de mains et les jeux de cartes, la prestidigitation, le chi-fou-mi, le yo-yo et le poker. Je crois même que dans les débuts sont organisées des parties de cache-cache. Un vent de jeunesse, égayé de fous rires, teinté d'un rien de niaiserie, balaie les longs couloirs du grand appartement. Il fait de son mieux pour s'adapter.

Elle chante, elle chante soir et matin. Du Trenet, du Jean Sablon, de l'André Claveau, du Jean Tranchant. Les incontournables, comme on dirait aujourd'hui : *Seule ce soir* et *J'attendrai*, bien sûr, et *Premier rendez-vous*, et *Que reste-t-il de nos amours ?* et *J'ai pleuré sur tes pas*. Passe encore, il prend sur lui, il compose. Il fait pourtant profession de mépriser la chansonnette et tend à prendre pour une injure personnelle qu'on chante juste à son nez et à sa barbe, alors qu'il chante faux. Mais quand elle développe sans complexe, en y mettant des trilles, des vocalises et du sentiment, sa prédilection pour le prince de la guimauve, le roi du rahat-loukoum, pour l'incomparable Tino Rossi, le chanteur trop connu, quand elle égrène sa ritournelle qu'est la plus belle, quand elle envisage de danser jusqu'au jour une rumba d'amour, quand elle fredonne la version pour guitare, mandoline et banjo de *Mignonne allons voir…*, s'attendrit sur la vieillesse de Catarinetta tchi tchi, ou que le chant d'un gardian s'attarde une fois de plus dans le noir, c'en est trop, il éclate, bien que ce chant soit celui de l'amour. Du coup, elle bisse.

Elle se lève à onze heures. Elle passe des heures à sa toilette, enfermée dans la salle de bains. Elle traîne ensuite, désœuvrée, désheurée, en peignoir, des mules ou des babouches aux pieds, limant ses ongles vernis de pièce en pièce. Elle téléphone interminablement, roucoulant, cancanant – toujours à des amies que, par malice, elle prétend parfois être des amis, à moins qu'il ne s'agisse en réalité d'amis qu'elle fait passer pour des amies. Il n'est pas seulement en proie aux tourments du soupçon et de la jalousie, mais la longueur de ces conversations futiles et l'excès d'une dépense si frivole l'enragent.

Généralement parlant, elle ajoute à une inculture encyclopédique une immense incuriosité. Elle n'a pas la moindre teinture de latin, de grec ou de philosophie, et s'en moque comme de l'an quarante. La littérature, l'art, la morale, la politique, la France, la guerre, la paix, le vaste monde, elle n'en a rien à faire. Elle ne lit guère que *Notre cœur*, *La Semaine radiophonique* et *Femmes de prisonniers*. Quand une conversation à haute teneur intellectuelle la barbe trop, elle tire sa révérence et voilà tout.

Exigeant quand ça l'arrange les hommages, les égards et les regards dus au sexe faible, elle n'en revendique pas moins, en vertu de la loi et au nom du progrès, les droits et prérogatives d'une Française adulte. Elle n'est pas taillable et corvéable à merci. Elle est libre de disposer d'elle-même. On n'est plus au Moyen Âge, ça se saurait. Majeure, vaccinée et mariée, où est le mal si elle a envie de sortir, de passer une heure au café, de s'offrir le cinéma, de danser – elle adore danser et lui pas –, si elle accepte avec le sourire des hommages qu'elle n'a rien fait pour provoquer ? En revanche, ce serait un intolérable abus que de prétendre contrôler son emploi du temps, ses fréquentations et ses distractions, bien innocentes, il va de soi. Elle a décidément une vraie gueule d'atmosphère.

Elle jure comme un housard. Elle fume comme un sapeur. Quand il y a des hommes à proximité, elle aime leur demander du feu. Fût-ce dans une pièce close, elle prend entre ses deux mains caressantes disposées en ogive la main masculine qui tient l'allumette ou le briquet et l'attire tout près de ses lèvres peintes. Serait-elle coquette ?

Il faut lui rendre cette justice qu'elle ne lui a pas caché son jeu. La maison ? Elle n'est pas chez elle. Le ménage ? Il y a des femmes pour ça. Les enfants ? Elle n'en a pas à elle, ce n'est pas pour s'occuper de ceux des autres. Pourquoi se donnerait-elle du mal ? Pourquoi s'abîmerait-elle les mains ? Pourquoi s'intéresserait-elle à nous ? Il n'y a aucune raison. Rien ne l'y oblige. Elle n'est pas notre bonne. Elle ne va pas gâcher les plus belles années de sa vie à torcher les casseroles et les enfants. Ce n'est pas dans le contrat. D'ailleurs, il n'y a pas de contrat, pas de serments, pas d'engagements irrévocables. Rien que le contact de deux épidermes et l'échange de deux fantaisies. Dans le scénario de cet *Autant en emporte le vent* façon UFA, de cette histoire d'amour sur fond de guerre, les enfants ne sont pas prévus. Ils ne sont qu'une gêne, une servitude importune, un étouffe-plaisir...

Il est veuf, elle est seule. Ils sont jeunes tous deux. Le lieutenant Moineau, là-bas dans son *Lager*, ignore tout de son infortune. Quant à la pauvre madame Jamet, là où elle est... Quel mal y a-t-il à laisser parler la nature ?

Eh bien non, ça ne passe pas. Comme un pavé jeté dans l'eau, cette liaison éveille des ondes concentriques de réprobation dans les mares stagnantes de l'arrondissement. Cette jeune femme toujours peinte comme une poupée, comme une actrice, comme une... qui porte des jupes plissées courtes, des vestes longues, le petit sac en bandoulière, des chaussures à talons hauts, n'a décidément pas bon genre, et elle en rajoute par provocation. Ces jeunes amants insoucieux du qu'en-dira-t-on qui se bécotent, qui se pelotent, qui se tripotent, ce n'est pas le genre de la maison, cet amour insolemment étalé dans la rue, ce n'est pas le genre du quartier.

La loi condamne et la population réprouve l'adultère des femmes de prisonniers. Et puis, ils y sont allés un peu vite, quand même. Dans ces cas-là, on respecte un délai de décence. Les fleurs n'étaient pas encore fanées sur la tombe de la mère, les draps du lit étaient encore chauds... « *Il paraît même qu'ils n'avaient pas attendu. Vous trouvez ça normal, vous ? Et les enfants, qu'est-ce que vous voulez qu'ils y comprennent ?* » L'escalier de service, la loge, l'immeuble, la rue, le quartier, l'arrondissement, la ville, le pays murmurent, bourdonnent, croassent. La famille, les amis, les voisins, les passants, l'éternel chœur antique, froncent les sourcils. Et Dora ne fait rien pour mettre les censeurs de son côté.

Le cours nouveau, c'est peu de le dire, n'agrée pas à Hélène. Bien qu'elle n'aimât guère Monsieur et ne s'en cachât pas, elle avait juré à Madame, dans les derniers jours, avec toute l'exaltation qui est dans sa nature et par les grands serments qu'on ne trahit pas, que jamais, jamais, quoi qu'il pût arriver, elle n'abandonnerait les enfants. Et la pauvre malade en avait été apaisée.

Depuis ce fatal mois de septembre, liée par sa promesse, elle tenait la maison, sur l'acquis et la lancée. Elle avait accepté bon gré mal gré le nouveau statut qui lui était fait, qui lui enlevait le contrôle des cordons de la bourse et la ravalait du rang de majordome-amie de la famille à celui de bonne d'enfants. Elle avait pris son parti de discussions constantes avec Monsieur, qui, sous prétexte de ne pas faire de nous des mauviettes, lui refusait systématiquement les crédits spéciaux qu'elle lui réclamait pour nous acheter en douce – au marché noir – les céréales, la viande, les bonnes choses dont nous avions besoin, qui n'était pas d'accord sur sa façon de nous habiller, ni sur sa façon de nous câliner, qui n'acceptait ni ses soupirs ni sa franchise ni ses comparaisons ni ses remarques ni ses reproches. Elle n'en parvenait pas moins, quelquefois, à force d'insistance, à le faire plier, et le mettait souvent devant le fait accompli. Monsieur n'aurait pas le cœur de laisser manquer de quoi que ce soit les enfants de Madame, n'est-ce pas ? Elle défendait nos intérêts avec une ardeur de missionnaire, un zèle de fanatique. Pour nous, rien n'était trop nourrissant, trop chaud, trop beau, trop chic, trop cher. Elle régnait sur ses places de sûreté, ses forteresses. L'office et la cuisine étaient son royaume, où elle nous abritait, nous cajolait, nous mijotait des petits plats. Chacun, en somme, campait sur ses positions. Elle acceptait son autorité, il subissait ses insolences. Le passé, ou plutôt son fantôme, était encore entre eux.

Dès lors que l'intruse apparaît, s'établit et s'incruste, le fragile équilibre et le pacte sont rompus. C'est trop. Trop par rapport à sa conception du monde, des usages, du veuvage. Trop pour sa fierté. « Ce sera l'autre ou moi. » C'est l'autre. Elle s'y attendait. Son ultimatum rejeté, c'est la guerre déclarée. Les portes claquent.

Quand c'est lui qui ordonne, elle fait d'abord la sourde oreille, puis finit par s'exécuter de mauvaise grâce. Pour ce qui vient de Dora, c'est bien simple, elle n'entend pas. L'usurpatrice, l'illégitime n'existe pas. Elle refuse de la servir à table, elle refuse de faire un lit souillé par l'adultère. Si l'autre prétend la réprimander, elle préfère rompre le contact et filer sur l'office où elle ronchonne et fourgonne dans le placard. Que la sonnette vienne l'y relancer, elle se replie en bon ordre sur la cuisine. Là, elle est sur ses terres, et elle éclate enfin. Elle prélude par un solo de batterie qui fait s'entrechoquer les casseroles avec un bruit terrible tandis qu'elle grommelle pour se chauffer la voix. Soudain, elle prend le ciel et la terre à témoin dans une étrange langue gutturale où se télescopent les injures en polonais et les menaces en français. Elle étouffe. Elle ouvre la fenêtre. Ses imprécations qui retentissaient dans tout l'appartement mais y restaient confinées vont rebondir contre le mur aveugle, de l'autre côté de la cour, et éveillent d'étage en étage curiosités bourgeoises et solidarités ancillaires. Pendant ce temps, tels que Laurens a peint Robert le Pieux et Berthe de Blois après que le pape les eut excommuniés, abandonnés de tous dans leur palais solitaire, les deux amants se terrent, serrés l'un contre l'autre, dans le grand bureau-bibliothèque. Ils boivent leur thé où le lait descend en nuages épais et enduisent leurs toasts de beurre et de marmelade d'oranges. Nous attendons dans notre chambre qu'Hélène nous appelle pour le dîner.

Elle s'accroche deux mois encore, par devoir, bien que sa décision soit prise. Elle ne saurait nous quitter au fort de l'hiver, pas plus qu'on n'expulse à la mauvaise saison. Elle nous quittera pourtant, il n'y a plus de serment qui tienne dès lors qu'il lui faudrait, pour le tenir, subir le joug déshonorant de l'étrangère. Mais si elle doit rendre la place, elle laissera un désert derrière elle. En bonne Slave, tels Alexandre et Koutouzov en 1812, ou peut-être inspirée par Staline, elle opte pour la politique de la terre brûlée, c'est-à-dire, en l'occurrence, de la crème brûlée. Elle disparaîtra en beauté, comme Sardanapale, quitte à sacrifier en holocauste sur son bûcher funèbre tout le contenu du garde-manger. Une sorte d'hommage posthume à Madame et au temps de l'abondance.

Soudain, les beaux jours semblent revenus. Elle bourre de charbon la cuisinière dont les plaques sont constamment portées au rouge. Des fleuves de lait, de farine et de sucre en poudre se déversent dans les moules à pâtisserie. Le beurre grésille dans les poêles. De tous ces ingrédients naissent en quantité crêpes, tartes et gâteaux. En l'espace d'une semaine, nos réserves de six mois sont englouties.

La cuisine a spectaculairement bravé le bureau. Or, le bureau, contre toute attente, ne réagit pas. Il n'est pas si facile, par les temps qui courent, de trouver à Paris du personnel de toute confiance. Le choc frontal n'en est pas moins inévitable, de l'avis des deux parties concernées et des milieux bien informés. Mais qui en prendra l'initiative ? Hélène, qui estime n'avoir plus rien à perdre, crée elle-même l'incident qui lui permettra de rompre avec panache et de partir la tête haute, sous les acclamations de la concierge, sa plus fervente alliée. Ainsi agit-elle comme ces chefs de gouvernement de la IIIe et de la IVe République qui, sachant leur sort scellé, ne se préoccupent plus que de réussir leur sortie en tombant à droite ou à gauche, en fonction de leurs convictions ou de leur intérêt.

Elle qui voudrait nous voir gras comme des moines et vêtus comme des princes, ignore superbement les regards de tigre qu'il lui jette lorsqu'il la voit beurrer avec générosité nos tartines, et se scandalise hautement qu'il soit aussi peu soucieux de ce que nous avons dans le ventre et portons sur le dos. Forte de son expérience, elle sait frapper où ça lui fera mal. Un jour de la mi-février qu'il fait bien froid, elle nous déniche je ne sais où trois gros pull-overs kaki pure laine en vente libre – sans points textile – ce dont le prix se ressent naturellement. Elle saute sur l'occasion. Tout l'argent des courses jusqu'à la fin du mois y passe.

Elle réclame donc une rallonge qu'il lui refuse, écumant de rage. Puisque c'est comme ça, elle vide son sac.

— On ne croirait pas que ce sont vos enfants. Vous les verriez mourir de faim et de froid à côté de vous que vous ne lèveriez pas le petit doigt.

— Est-ce que vous avez remarqué que nous avons perdu la guerre ? Savez-vous ce que signifie le mot restrictions ? Croyez-vous que l'argent me tombe du ciel en quantités illimitées ?

— Nous n'aurions pas perdu la guerre si les Français s'étaient battus comme des lions au lieu de se sauver comme des lapins.

— Nous n'aurions pas eu à faire la guerre si le gouvernement polonais avait eu la sagesse de restituer Dantzig.

— Si la pauvre Madame avait vécu, ça ne se passerait pas comme ça.

— Si Marguerite était là, elle ne supporterait pas plus que moi vos extravagances.

— Elle nous voit du fond de son tombeau, elle vous juge.

— Dispensez-vous de faire parler les morts et de leur donner l'accent polonais.

— Vous êtes un égoïste et un ladre.

— Vous êtes un panier percé et une irresponsable.

L'irréparable.

In extremis, Hélène offre de prendre et de garder avec elle Marie-Claude, « qui ressemble tant à sa maman ». La généreuse proposition, sous laquelle on soupçonne une tentative de kidnapping, est rejetée sans appel. Eût-elle proposé de nous laisser en otage son fiancé, à présent son mari, ce n'était pas forcément une garantie de représentation.

Que faire du bébé, après le départ d'Hélène ? Madame Brouchon, appelée à la rescousse, indique une bonne dame qui la prendra en nourrice à Tron, un hameau de la commune de Sarrazeuil. Elle pourra ainsi garder un œil sur Marie-Claude, qui sera comme en famille. Notre petite sœur ne réintégrera le foyer parisien que quatre ans plus tard, les yeux toujours aussi bleus, débordant de santé, illettrée et ne parlant que le patois.

Au moment de se quitter, Hélène et Monsieur s'embrassent, quand même, en souvenir de Madame. Elle nous fait ses adieux, dans un maelström de sanglots, de baisers et de cris. Elle claque la porte, pour la dernière fois. Elle a disparu. Nous ne la reverrons plus jamais. Elle était folle. Elle nous aimait.

Simple changement de personne ? À notre échelle, c'est plus qu'une crise ministérielle, c'est un tremblement de terre. Le dernier lien entre ici et autrefois, entre la rue Vavin et la Grand-Rue, s'est coupé. La dernière braise s'est éteinte. La rupture, différée quelques mois, est chose faite. Plus rien, plus personne ne s'interpose entre nous et l'air glacé de la nuit.

Alors, nous sommes entrés dans le grand tunnel du temps, tout envahi de fumées, tout retentissant de vacarme. La lumière du jour a disparu derrière nous. Le souffle de la guerre était sur nos nuques. À mesure que nous avancions dans la longue galerie, frôlant des ombres indistinctes, côtoyant des mystères obscurs, nous avions de plus en plus froid, de plus en plus faim, il faisait de plus en plus noir, et l'on n'en voyait pas le bout.

Il a dit : « Pas de marché noir. »

Il a dit : « Pas de marché noir. » « Mais c'est de la folie ! », se sont récriés ses parents. « C'est absurde, a repris le chœur des amis et connaissances. Absurde et intenable. Au nom de quels principes mal entendus, de quelle exigence stoïcienne contre nature, de quel serment que personne, même Pétain, n'exige de vous, seriez-vous le seul Français à vous condamner volontairement à une sous-alimentation chronique ? Les rations allouées par le ministère du Ravitaillement sont inférieures au minimum vital, tout le monde le sait, les responsables eux-mêmes le reconnaissent. Encore les contingents théoriquement fixés ne sont-ils même pas respectés. Que vous vous plaisiez à vous serrer la ceinture, après tout, c'est votre affaire, mais pensez à vos enfants. Ils ne tiendront pas le coup. » Rien n'y a fait ; il a dit : « Jamais de marché noir » et il s'y tient. Il ne mangera pas de ce pain-là. Nous non plus.

Autour de nous, il n'est question que de combines, de resquille, de filières, d'alimentation, de nourriture, de bouffe pour tout dire. C'est obsessionnel, et c'est obsédant. À ses yeux, le sujet est au mieux inintéressant, pour ne pas dire répugnant. Chez nous, on parle d'Épictète, de Diogène, de volonté, de transcendance, on oppose l'éminente dignité de la pensée à la dictature des bas instincts, on méprise comme il se doit la guenille, la carcasse, le ventre. Évoquer le bon vieux temps, le temps de l'abondance, est réputé obscène. « Avant guerre », dans les queues ou ailleurs, il suffit que quelqu'un vienne à prononcer ces deux mots pour que certains visages s'éclairent d'un sourire extatique. D'autres au contraire semblent sur le point de sangloter. Un ange passe, puis fleurissent à l'envi d'incroyables récits : il paraît qu'en France, avant guerre, on mangeait à sa faim, on buvait à sa soif, on ne manquait de rien, les poulets vous tombaient tout rôtis dans la bouche, il faisait bon vivre et on ne s'en rendait même pas compte. « Avant guerre » est une expression proscrite à la maison. Qui viole le tabou déchaîne son ironie et sa fureur. Regretterait-on cette France de l'apéro, de la pétanque, de la sieste, des petits ventres ronds, du tango et de Tino Rossi, cette France qu'il vomit et qui se vautre avec délices dans la débrouille, la démerde, le système D ? Il répète avec Céline et Montherlant que les Français sont moches, et le déplore. Soyons maigres. Tenons-nous droit. Impressionnons les Allemands par notre dignité. Il s'accommode aisément d'une discipline qui ne trouble pas son confort physique ni intellectuel. Quand il dit « nous », il pense « je ». La vertu qu'il prône et pratique ne lui coûte pas. Nos cartes J1, J2 et les cafés de Montparnasse assurent son approvisionnement en thé, en

61

lait, et en toasts. Pour le reste, il souffre d'autant moins de la disette qu'il n'a pas d'appétit.

À d'autres donc la viande, le jambon, le beurre, le lait entier, les légumes verts, les fruits passés sous le manteau, servis dans l'arrière-boutique, donnés de la main à la main, échangés contre leur poids en or. À d'autres les expéditions à la campagne et les retours triomphants, les vélos surchargés que l'on conduit à la main, les valises bourrées à craquer, le délicieux frisson de l'octroi, la peur du contrôle économique. À d'autres le jeu si amusant des clignements d'yeux, des phrases à double entente, des rendez-vous avec mots de passe, des combinaisons tordues, des complicités scélérates, des interdits transgressés qui trouvent leur justification et leur récompense sous la lampe, portes et volets clos, quand le chef de famille, dans un silence religieux, découpe le rôti de bœuf clandestin...

À nous le riz charançonné, les pommes de terre aux grands yeux noirs, ou gelées, ou déjà germées, les navets, les topinambours, les rutabagas, les oignons d'Espagne, le poisson avarié, la margarine, le saindoux, les pesées truquées et les produits frelatés, les rebuts, les saletés, les ersatz, le savon qui ne mousse pas, la lessive qui ne lave pas, le charbon qui ne brûle pas.

On devine dans quelle estime nous tiennent les commerçants du quartier. Du haut de leur opulence et de leur arrogance, ils nous témoignent le genre de considération que les canailles ont toujours eu pour les imbéciles et nous manifestent les égards que ceux qui ont de l'argent ont de tout temps consentis à ceux qui n'en ont pas.

La boulangère, madame Mirbeau, s'arrête un moment de compter ses écus pour détacher avec dédain nos tickets de pain. Du moins, si elle nous sert notre ration sans excès d'aménité, c'est aussi sans complication. Le boucher, que nous ne visitons guère, ne nous connaît pas. Il n'en est pas de même de l'épicier-crémier-traiteur chez qui nous sommes inscrits pour les fruits, les légumes, le lait, les matières grasses, le sucre, le chocolat et autres denrées de première nécessité. La boutique de monsieur Brisquet est à vingt mètres de la maison, un peu plus bas sur le même trottoir. Dans son éternelle blouse grise, le crayon vissé derrière l'oreille, aux lèvres un mégot éteint dont le papier jaunâtre est tout mouillé de salive, le sourcil noir sous les cheveux blancs, la lèvre goguenarde, la main baladeuse, monsieur Brisquet monte la garde devant des comptoirs presque toujours vides, ce dont il ne paraît pas s'inquiéter outre mesure. Qu'étaient-ils il y a seulement deux ans, lui et sa femme, ombre en tablier bleu, silencieuse et discrètement moustachue, qui vit dans son ombre ? Des petits épiciers de quartier, bien propres et bien humbles, durs à la peine, des gens sans importance. Cette sorte de vermine prolifère sur l'époque. Ils règnent à présent sur la rue Vavin, puissants et redoutés. Ils mouillent le lait, ils trichent sur les poids et sur les prix, ils écoulent en fraude ce qui leur manque en vitrine. Ce sont de redoutables forbans, tout le quartier le sait et le répète, mais à voix basse.

Le tout-venant, les petits fonctionnaires, les petits employés, la population des mansardes, ça n'intéresse pas monsieur Brisquet. Portions congrues, prix taxés, clientèle captive, ce n'est plus du commerce, mais de l'administration ou de l'apostolat, un service d'aide sociale, et il ne se gêne pas pour rabrouer et refouler ces importuns. Il sait en revanche se faire tout miel, tout sucre, la crème des hommes, avec certains clients qui lui parlent à voix basse. Nul ne se permet de broncher lorsqu'il entraîne dans son arrière-boutique, pour un colloque singulier, une ménagère pétrifiée de respect et de reconnaissance. Il reparaît tout guilleret et interpelle avec rudesse les pauvres diables qui ont attendu leur tour sans mot dire, et que la nécessité courbe chaque jour un peu plus dans une position de solliciteurs.

Avec les grands ciseaux noirs attachés à une ficelle qui lui tient lieu de ceinture, monsieur Brisquet découpe lui-même les tickets sur les cartes que lui tendent ses clients et se montre particu-lièrement expéditif avec les vieillards et les enfants perdus dans l'inextricable labyrinthe d'une bureau-cratie aux commandes et pourtant aux abois, qui régente tout et ne maîtrise rien. Quant à lui, il se repère sans difficulté apparente dans les dédales du système paperassier qui quadrille toute la popula-tion. Non seulement les droits et les attributions y sont différents suivant l'âge, le métier, mais ils varient suivant les jours et les aléas du ravitaille-ment. Certains tickets ne peuvent être honorés, d'autres, qui étaient périmés, bénéficient d'impré-visibles validations, les lettres qui signifiaient « beurre » ou « confiture » se traduisent soudain par « pâtes » ou « huile ». Un écriteau peu visible annonce que le coupon NN sera honoré le 30 mars, mais il est contredit par un panonceau qui précise que chaque coupon NN sera échangé contre deux tickets AB ou un ticket NK qui donneront droit à cent grammes de chair à pâté dont un troisième avis fait savoir que l'arrivage est finalement différé.

Personne n'y comprend rien, tout le monde conteste, tout le monde truande ou essaie de truander. Monsieur Brisquet tranche. Après qu'il a fait son office, c'est une chance s'il reste quelques confettis à l'intérieur de la carte d'alimentation.

S'il fait preuve d'un minimum de retenue quand la femme de ménage ou, plus rarement, Dora, font les courses, il ne se gêne pas avec nous, avec moi en particulier. Lorsque après une heure de queue j'accède au comptoir, avec quel plaisir il me montre ses étagères vides de toute marchandise.

— Des haricots blancs ?

— « *Le ticket DH du 25 avril ne pourra être honoré.* » Tu sais lire ?

— Des lentilles ?

— Il n'y en a plus. Mais tu peux encore avoir ce beau merlan contre trois AB. Dépêche-toi, c'est à prendre ou à laisser.

Je baisse la tête, il sort ses ciseaux. Les petits carrés de papier filigrané disparaissent dans le tiroir-caisse. Les clients rigolent lâchement. Je me suis fait avoir une fois de plus.

Nous serions perdus sans recours si, plus de trois ans d'affilée, un flux ininterrompu de colis ne venait nous pourvoir, au rythme d'au moins un envoi hebdomadaire, en œufs, en poulets, en lapins, en pommes de terre, en carottes, en haricots, en tartes, en clafoutis, et même en chandails, en lainages, en gants, en galoches. Madame Brouchon et madame Ferré, sa sœur, veillent sur nous. Nous leur devons sans doute de n'être pas morts de faim et de froid.

Pourquoi cette aide humanitaire ? C'est d'abord que les Brouchon et les Ferré sont de braves gens et de bonnes gens et que, privilégiés du seul fait qu'ils habitent la campagne, il leur semble naturel, comme à tant d'autres Français des champs qui vivent dans une relative abondance, de venir en aide aux Français des villes, victimes des restrictions. Mais peu l'auront fait, sans doute, avec autant de constance et de désintéressement.

Avant la guerre, les deux couples militaient à la SFIO. C'est là qu'ils ont connu, suivi, et admiré mon père pendant les trois années où il a animé et incarné le Front populaire dans la Vienne. Les Brouchon, propriétaires d'une Renault, assuraient la logistique de ses campagnes et de ses meetings. Les Ferré, madame Ferré surtout, suivaient ses cours en faculté. Par mon père, ils ont connu et aimé Maman. Lorsqu'elle est tombée malade, ils l'ont soignée, soutenue et plainte. Quand elle a quitté Poitiers pour Paris, ils lui ont promis, dans tous les cas, de nous aider autant qu'ils le pourraient. Ils feront mieux que tenir leur parole.

Leurs envois portent le cachet de Poitiers, ou de Sarrazeuil, le village où les Brouchon sont instituteurs, à huit kilomètres de Poitiers. Grâce à eux, le cordon ombilical ne sera jamais coupé avec le cher pays d'où nous avons été brutalement arrachés. Le 185, Grand-Rue, la façade villageoise et les clochetons à écailles de Notre-Dame-la-Grande, la place d'Armes et le Café du Jet d'eau, la baignade du Clain à Buxerolles, la rue Gambetta, Blossac, Bonneuil-Matours, Jaunay-Clan, Chasseneuil, Sarrazeuil, ce sont les noms de lieux du pays de mes merveilles. C'est de là que je viens, et j'y reviendrai quatre fois entre 1942 et 1944, comme à la source de l'enfance, pour y rajeunir. Je ne dirai pas qu'ils m'appartiennent, ils sont moi.

Paris, c'est la ville où je vis, où je vis malheureux. Poitiers, c'est la ville d'où je suis, où j'ai été heureux.

Cette manne qui nous tombait du ciel poitevin, ce n'était pas seulement de la nourriture pour le corps. Avant de nous remplir l'estomac, les colis de Sarrazeuil nous réchauffaient le cœur. Ils venaient nous dire que là-bas on pensait encore à nous. Les soleils lointains qui brillaient sans discontinuer sur le Poitou me faisaient croire à l'existence d'un éternel été de la tendresse.

Sa préférence à lui

Il est si impressionnant quand, dans le grand bureau, il nous fait la lecture. Qu'il nous distille ses carnets, un de ses articles, un roman, un poème, une pièce de théâtre, il épouse toutes les nuances, il éclaire toutes les intentions, il interprète tous les rôles, en mettant le ton, il nous tient sous le charme. Il est légitimement fier de sa belle voix grave, de sa diction irréprochable et, lorsqu'il lui donne des intonations saccadées, il ne se formalise pas d'être comparé à Jouvet. Il aime à faire jouer dans la lumière ses longues mains aux longs doigts fuselés dont la nicotine a jauni le bout. Il n'est pas peu satisfait des premières rides d'expression qui marquent les traits de son visage émacié des plis d'une ironie voltairienne. Il a en permanence besoin d'être admiré. Il ne vit jamais avec autant d'intensité, il ne brille jamais autant que lorsqu'il a autour de lui un cercle d'auditeurs attentifs, voire subjugués, si restreint que soit le cercle. Il donne alors le meilleur de lui-même, qui n'est pas rien. Il rend les grands textes intelligibles, et son petit auditoire intelligent.

Il nous lit des poèmes de Hugo, les nouvelles de Marcel Aymé et les contes de Voltaire, la promenade du petit Bastide dans *Les Hommes de bonne volonté*, les pièces d'Henri Monnier, *Les Mille et Une Nuits*... Il ne met rien plus haut que la littérature et la politique. Et pour nous, il est la Littérature et la Politique en personne. Il nous en transmet les messages et les oracles. Il parle comme un livre. D'ailleurs, il parle aussi dans les livres, celui qu'il a fait, ceux qu'il projette et qu'il semble considérer comme déjà écrits et publiés. La mise en perspective de ce grand œuvre en cours dont il excelle à présenter des vues cavalières, comme savaient faire les peintres de batailles et les architectes des bâtiments de Louis XIV, lui fait croire et fait croire autour de lui à son génie. Père, chef et mage, il a tous les droits. Il est plus qu'un homme, il est infaillible puisque de mémoire d'enfant on ne l'a jamais entendu reconnaître qu'il ait pu se tromper. Il nous pétrit, il nous façonne, il nous marque, il modèle notre langage, notre cerveau, nos idées. Il nous fait découvrir le monde à sa façon. Il nous explique tout : la paix, la guerre, le monde, la distinction entre mystique et politique, le travail stylistique de Céline, le sens de la grandeur chez Montherlant, la prosopopée, l'ablatif absolu, le mythe de la caverne, il remplit tout notre horizon. Ce qu'il ne sait pas, il l'ignore, je veux dire qu'il l'ignore superbement : les mathématiques ou la belote, le PMU ou les travaux manuels. Il méprise ou rejette tout ce qui s'écarte de ses sentiers ou de ses codes. Il faut aimer les mêmes auteurs, les mêmes livres, avoir les mêmes idées que lui, penser, au moins dire comme lui. Il faut que pour nous comme pour lui rien n'existe en dehors des choses de l'esprit. Il nous impose ses préjugés comme des absolus, ses opinions comme des certitudes. Ses préventions doivent devenir nos goûts. Son sculpteur préféré est Pygmalion. Puisque la nature lui a donné des enfants et que la mort l'en a fait l'unique propriétaire, qu'au moins nous ressemblions à ce qu'il a décidé que nous devions être. Nous sommes ses animaux de laboratoire, ses brouillons de culture. Il nous donne des consignes, là où nous aurions besoin d'exemples. Il lui plaît de nous gouverner par décrets.

Malheur à qui interromprait le cours de sa harangue, et davantage encore si c'est pour le ramener aux choses triviales de la vie, qui n'ont pas d'intérêt : demander de l'eau, de l'argent pour acheter un crayon d'ardoise, parler de nourriture, de vêtements, de chauffage, revient à attirer ses foudres. À l'altitude où il se situe, qu'importe si les pommes de terre ont cramé, si le poireau bouilli est immangeable, si le merlan cuit à l'eau nous donne des haut-le-cœur. Il vit dans les nuages : le nuage de fumée bleue qui stagne en permanence dans le bureau, à mi-hauteur entre le plafond et le plancher. Le nuage mystérieux de ses réflexions, dont le siège est ce même bureau où l'on n'est admis qu'après avoir montré patte blanche. Les nuages de lait qui descendent lentement dans sa tasse de thé.

Il a le maintien rigide, le visage austère, il ne sourit que de ses bons mots. Il veille d'autant plus jalousement au bon état de la façade et à la fermeture de la porte qu'il y a moins de meubles à l'intérieur. Il se fait d'autant plus dur qu'il se sait plus faible. Parce qu'il est peint en fer, nous ne voyons pas que c'est un roseau. Parce qu'il est puritain, nous ne l'ima-ginons pas esclave de ses plaisirs. Parce qu'on ne boit que de l'eau à la maison, nous le croyons intégralement abstème. Parce qu'il est exigeant, nous le croyons vertueux. Parce qu'il est sévère, nous le croyons juste.

Il adore les débats où il a le monopole de la parole et l'assurance du dernier mot. C'est que rien ne lui est plus difficile que d'admettre des pairs. Il ne se reconnaît que des maîtres ou des disciples. Aussi fait-il le vide autour de lui. Moins délibérément qu'inconsciemment, il nous isole également. Ainsi n'a-t-il pas à souffrir de compa-raisons, de contestations ou d'une concurrence qu'il ne supporterait pas.

Est-il méchant ? Non, sans doute. Il ne veut et n'a volontairement jamais fait de mal à personne. Est-il bon ? Pas davantage. Il traverse le temps sans regarder autour de lui. Il n'a pas le souci des autres. Soigner les malades, visiter les pauvres ou simplement rendre service n'est pas son genre. À qui, à quoi d'autre pense-t-il qu'à lui-même ? Il se regarde vivre et s'écoute parler.

Il est si dur, si exigeant, il ne pardonne pas le plus petit manquement à la politesse ou à l'ortho-graphe. À l'oral comme à l'écrit, dans sa tête il ne cesse de nous noter à l'encre rouge. Il nous prive d'enfance comme on prive de dessert.

Il s'astreint aussitôt après le dîner, s'il ne sort pas, ou tard dans la soirée, en rentrant, à surveiller nos devoirs et nos leçons. Il revient d'un dîner en ville, du théâtre, du cinéma, il est fatigué lui-même, ou énervé : Dora, à côté, l'attend. Quant à nous, il nous trouve bâillant à nous décrocher la mâchoire, les yeux papillonnant, quand ce n'est pas déjà endormis, la tête sur la table. Nous n'en pouvons plus. Ses questions traversent à peine le brouillard où se diluent nos réponses. Il s'applique, il se force tant qu'il peut à garder son calme. Mais quand il a eu expliqué une fois, avec une parfaite clarté, la solution d'un problème, ou développé un raisonnement, ou rectifié une orthographe fautive, ou répété lentement le texte d'une fable et que pour la deuxième fois, alors qu'il nous a donné notre chance, nous retombons dans la même erreur, que nous omettons ou redoublons la même lettre, que nous avons le même trou au même moment de la récitation, sa voix devient tranchante, il nous accable de qualificatifs méprisants et de sarcasmes ou recourt, ultime argument, aux châtiments corporels.

Ses longs doigts secs et plats se révèlent parfaitement adaptés à la pichenette, dérisoire chiquenaude qu'ils savent rendre douloureuse. Ou bien il nous pince le gras du bras – ce qu'il en reste – entre le pouce et l'index et fait rouler le biceps sous ses doigts. Ça fait très mal. Un jour qu'il avait perdu son sang-froid, il a pris Alain, il l'a mis debout et l'a secoué comme un chiffon. Quand, après lui avoir à plusieurs reprises cogné la tête contre le mur, il s'est aperçu que le malheureux était passé de la somnolence à l'évanouissement, il a pris peur de sa propre violence. Ça l'a calmé pour quelque temps.

Je n'ai jamais eu droit à un tel traitement. J'échappe même, en général, à toute sanction. Un peu parce que je continue de caracoler en tête de la dixième. Beaucoup parce que je suis son préféré. Il m'appelle son Benjamin, son Bijou. Il me prend et me fait sauter sur ses genoux, il me cajole, il me complimente. Quand je suis cité au tableau d'honneur, il m'achète une belle figurine de Napoléon. C'est qu'il voit en moi l'enfant qui réalisera toutes ses espérances et comblera toutes ses ambitions. Et moi, pauvre innocent, je fais naturellement tout pour lui plaire et ressembler trait pour trait au portrait-robot. Je dédaigne les jeux et les camarades de mon âge, à commencer par mes frères. Je leur préfère la fréquentation des grands auteurs. Je suis comme il le souhaite le bien-disant, le petit sage, préférant comme il se doit le beau langage à la bonne soupe, le jeune prodige auréolé de ses immanquables succès scolaires et universitaires, encore à venir, futur normalien comme papa, futur agrégé comme papa, futur spécialiste de Hugo comme papa. Boulimique de livres, je dévore plus que je ne comprends. Je me gave de Hugo, bien sûr, de Zola, de Lamartine, de Nerval, de Nodier, de Baudelaire, de Dickens, d'Anatole France, de n'importe qui et de n'importe quoi, dont je cite à tout propos et hors de propos les ouvrages, dont je commente gravement la carrière, le caractère, le talent, dont je compare les styles et les mérites, dont j'évalue l'importance et la place dans l'histoire littéraire. J'étale ma science, je ramène ma fraise, je parle, je frime au-dessus de mon âge. Vaniteux comme un paon, ridicule comme un précieux, je fais son admiration et l'effarement de ses visiteurs, les uns béants, les autres consternés, les uns levant les yeux, les autres les bras au ciel au spectacle de ce petit singe savant déguisé en enfant. À qui veut l'entendre, il dit qu'il m'aime, que je fais sa joie, qu'il a couvé un petit génie. Il le dit trop.

Tant qu'elle était là, Maman modérait, masquait habilement ou compensait par un redoublement de tendresse pour ses aînés le cours impétueux de cette préférence exclusive et malsaine. Personne désormais, aucune influence, aucun conseil, aucune représentation ne peuvent en endiguer les mille manifestations. Tandis qu'il me contemple avec ravissement et m'encourage à persévérer dans le cabotinage et le vedettariat, aux velléités périodiques de Jean de se mettre au travail, aux tentatives maladroites d'Alain pour briller et s'attirer ses bonnes grâces à force d'application, pour lui arracher un minimum d'affection, il n'oppose qu'indifférence, scepticisme ou rebuffades.

Mes frères me détestent. J'ai de la peine à m'y faire. Beaucoup de peine. Mais comment ne me détesteraient-ils pas ? Il leur faudrait être des saints ou des sages. Adultes, peut-être distingueraient-ils la cause de l'effet. Tels qu'ils sont, ils ne voient que le résultat. Ce n'est pas à lui qu'ils en veulent, c'est à moi qu'ils s'en prennent. Ils ont neuf ans, huit ans, et le sentiment d'une immense injustice. Qu'ai-je de plus ou de mieux qu'eux ? En quoi suis-je plus qu'eux le fils de leur père ? Ne pouvant concevoir que celui-ci soit le père de l'iniquité, il faut que celle-là vienne de leur frère. Ils me soupçonnent et m'accusent, *mezza voce*, d'avoir recouru à toutes sortes de manœuvres, d'intrigues, de flagorneries et d'artifices pour m'attirer cette prédilection en effet monstrueuse. Je suis à domicile, sous leurs yeux, trois cent soixante-cinq jours par an, pour la vie, le chouchou de la classe. Tandis qu'il s'extasie sur mes mots d'enfant et mes conversations d'adulte, mon sérieux et ma précocité, mes grâces et mes manières, qu'il me caresse les cheveux et que je ronronne, ils me fusillent du regard, ils me menacent du poing en attendant de me bourrer de coups.

Ils n'ont même pas la patience d'attendre que nous soyons seuls. À peine détourne-t-il les yeux, à moi les coups de pied sous la table, les bourrades, les promesses chuchotées de représailles atroces, accompagnées de roulements d'yeux terribles : « Tu verras quand il ne sera pas là. » Je vois en effet. Le châtiment est en proportion du crime. Un jour, beaucoup plus tard, qu'il s'avisera enfin des traces de coups que je porte, il s'étonnera : « Mais pourquoi ne m'as-tu rien dit ? », je lui répondrai seulement, naturel comme j'ai appris à l'être : « À quoi cela aurait-il servi, qu'à redoubler mes misères ? Tu n'étais jamais là. »

L'enfance, c'est les autres

Dora respecte scrupuleusement l'engagement qu'elle a pris de ne pas s'occuper de nous. Du jour au lendemain, sans préavis, nous étrennons un nouveau mode de vie qui nous semble aussi rude qu'à des chiots qu'on aurait jetés à l'eau. Le choix est simple : nage ou coule. Il paraît que nous sommes grands maintenant : neuf, huit et six ans. Nous devrons donc nous débrouiller, comme des grands, pour nous lever, nous laver, nous habiller, aller en classe et rentrer à la maison tout seuls. La vie me tombe dessus en avalanche.

Les journaux ne cessent d'insister sur les effets merveilleux de la chaleur animale. Nous partageons donc à trois la même chambre, j'allais dire la même étable, que notre chaleur humaine ne suffit pas à rendre douillette. Calfeutrée de papier journal, la fenêtre jamais ouverte laisse pourtant passer un courant d'air glacé. Voudrions-nous ignorer le monde, le monde ne se laisse pas oublier. L'hiver est là.

Je découvre les engelures, qui reviendront me tourmenter chaque année pendant près de dix ans. La cause en est le manque de vitamines. Ça commence par un picotement désagréable, qui tourne bientôt à la démangeaison. Les doigts et les orteils rougissent, enflent, se déforment, comme chez les goutteux et les rhumatisants. Ça chauffe, ça cuit. La peau éclate, des crevasses se forment. On enduit les plaies d'une pommade jaune, qui en fait sécher les bords. Un mieux temporaire suit, des croûtes se forment, que j'arrache, ce qui entraîne une suppuration. On me fait avaler des cuillerées d'huile de foie de morue, des ampoules de Stérogyl... Rien n'y fait : c'est seulement quand l'été est déjà en vue que mes doigts boudinés, à la peau craquelée, aux phalanges tordues, reprennent une forme et une couleur normales.

Où va se nicher le point d'honneur ? J'ai cru découvrir, en tout cas j'ai proclamé *urbi et orbi* que je suis une horloge vivante, que je contrôle par ma seule volonté sommeil et veille et que je peux donc ouvrir les yeux à l'heure que j'ai programmée. Qu'à cela ne tienne, on me prend au mot et au piège : je ferai l'économie d'un réveille-matin.

Je tiens parole, au prix de troubles chroniques du sommeil. Dès deux heures, trois heures du matin, tous les sens en alerte, je guette le carillon qui égrène au clocher voisin de Notre-Dame-des-Champs les heures – tintements graves – et les quarts d'heure – tintements plus faibles et plus hauts. Deux coups, trois coups, quatre coups prolongés signifient qu'il y a encore cinq heures, quatre heures, trois heures à passer au lit, quel bonheur ! Six heures, six heures un quart, la demie, je me pelotonne sous les couvertures, nous entrons dans la zone dangereuse. Moins le quart, sept heures, je donne l'alerte.

Nous nous levons en essayant de ne pas faire de bruit, nous nous habillons à tâtons puis, après un semblant de débarbouillage sous le robinet de la cuisine, nous partons dans le noir, ébouriffés, hagards comme des oiseaux de nuit, notre tartine de pain sec encore à la main. La bise nous heurte au visage et nous coupe le souffle.

Tout – tout ce qui est matériel – m'est contraire. Mes chaussettes tirebouchonnent. Ou bien, cas de figure plus fréquent et plus pittoresque, lorsque l'une me monte jusqu'au genou, l'autre me tombe sur la cheville. Ma chemise sort de ma culotte, les pointes du col rebiquent et dépassent du blouson, que je ne sais pas non plus boutonner : une fois sur deux, œillets et boutons sont décalés d'un rang. Je mets mon pull à l'envers. Mes doigts et les doigts de mes gants ne s'ajustent pas les uns aux autres. Heureusement, les gants ne me durent pas, je les perds au bout de huit jours, et la question est réglée pour l'hiver. Surtout, je ne sais pas lacer mes galoches. Ça n'a l'air de rien, et c'est une difficulté majeure dans ma vie. Le nœud que j'ai eu tant de mal à faire se défait au bout de quelques mètres. Je me prends les pieds dans les cordonnets diaboliques, je trébuche. Je trottine derrière mes frères, qui pestent. « On va encore être en retard à cause de toi. » Ils me saisissent chacun par une main et nous prenons tous les trois notre course. Ou bien ils me font avancer à coups de bourrades. Mais je ne peux décidément pas suivre. On s'aperçoit enfin que j'ai interverti le pied gauche et le pied droit de mes chaussures, ou que je marche sur mes lacets. Alors, bourru bienfaisant, moitié compatissant moitié exaspéré, l'un ou l'autre me hisse sur le rebord de pierre des grilles du Luxembourg, s'agenouille à mes pieds et de ses doigts gourds répare ma maladresse. La moitié de ma tartine est la juste contrepartie de ce service.

Nous repartons en hâte : j'ai l'air d'un prisonnier ou d'un déserteur que les gendarmes poussent dans le dos. Nous remontons la rue Auguste-Comte où s'engouffre le vent. Nous traversons le boulevard Saint-Michel. Nous passons devant le monument élevé à la mémoire de Pelletier et Caventou, géniaux découvreurs des bienfaits de la quinine. Je n'aurai pas le temps de me familiariser avec l'allure, les vêtements, les visages que leur avait donnés le sculpteur. Du monument dédié par la reconnaissance publique aux deux pharmaciens éradicateurs du paludisme ne reste bientôt plus que le socle de pierre. Le bronze réquisitionné avec les autres métaux non ferreux est parti sur le front de l'Est participer à l'effort de guerre allemand. Au bout de la rue de l'Abbé-de-l'Épée, le clocher de l'église Saint-Jacques-du-Haut-Pas nous donne une dernière fois l'heure et nous indique que nous sommes presque arrivés. Nous pouvons ralentir.

Même si je dois lutter seul contre mes lacets et triompher sans aide de toutes les petites embûches du chemin, j'aime mieux les jours où mes horaires et ceux de mes frères ne coïncident pas et où je peux cheminer accompagné de mes seules pensées. C'est que gel, pluie ou neige, chaque matin c'est un bonheur de se lever et de quitter le grand appartement obscur et froid. Chaque matin me trouve regonflé d'un espoir nouveau, exalté sans autre raison que de reprendre le chemin de l'école.

L'école protège si bien contre la vie. L'école est ma maison. Tout y est si facile. Les maîtresses, madame Rebois, puis madame Grisard, puis madame Drezet, y sont si maternelles. J'y retombe en enfance.

Pourquoi faut-il que là aussi se poursuive la guerre toujours recommencée et d'avance perdue (pour moi) que les objets m'ont déclarée ? Pourquoi ma plume épointée se met-elle à cracher et à faire des pâtés avant d'accrocher et de casser sur le mauvais papier de mon cahier de brouillon ? Pourquoi l'encrier sort-il de son logement et se renverse-t-il sur ma page ? Pourquoi mon crayon d'ardoise a-t-il disparu de ma trousse ? Où sont passés mon cahier de texte, mon taille-crayon, mon livre de lecture ? Entre ce que je perds, ce que je détériore, ce qu'on me vole, ce que je ne parviens pas à faire remplacer, je suis toujours en faute, et le sentiment de ma culpabilité commence à me suivre comme mon ombre, de la maison à l'école et de l'école à la maison.

On ne peut me faire confiance pour rien. Me donne-t-on, ce n'est pourtant pas difficile, à surveiller le lait, trop de temps coule, entre le moment où on allume le feu sous la casserole et celui de l'ébullition, pour que je ne pense pas à autre chose. Une onde de chaleur ride la surface blanche, une peau se forme et s'étend comme une toile d'araignée, de petites bulles frémissent contre la paroi de tôle émaillée. Je suis, hypnotisé, Croc-Blanc qui court contre la mort. Réussira-t-il à atteindre le campement avant que les loups ne l'aient rejoint ? Mais ne sont-ce pas des igloos qui se gonflent sur la banquise immaculée ? Sauvé ! Non, c'est le lait qui se sauve. Au prix où est le lait, au prix où est le gaz !

On ne peut rien me confier qui soit susceptible de dégénérer en catastrophe. Je suis donc dispensé de la plupart des tâches ménagères. En compensation, je suis plus souvent qu'à mon tour chargé de descendre les ordures dans la cour ou d'aller chercher le charbon à la cave. Titubant sous le poids du seau trop lourd, redoutant les mauvaises rencontres qui peuplent mes livres et mes cauchemars, je joue les Cosette dans l'escalier de service, mais je n'y croiserai jamais Jean Valjean.

Depuis qu'Hélène est partie, il m'arrive souvent de mouiller mon lit. Disons les choses comme elles sont : c'est une bien grande volupté, d'abord parce que la chose s'agrémente automatiquement de rêves pleins de délices et d'aventures, et parce qu'au commencement elle répand une douce sensation de chaleur. Puis le froid me réveille et, avec la conscience, la honte, la crainte et l'odeur viennent me tenir compagnie. Je me lève, transi, le pyjama collé aux cuisses et au ventre. Je sais bien, si vite que je recouvre le lit dans l'espoir de dissimuler les traces de l'incident nocturne, que je serai découvert, mais j'ai un tel désir que rien ne se soit passé que je finis par le croire. Je suis très sincèrement étonné lorsque la vérité éclate et qu'on me met sous le nez le drap accusateur marqué d'une tache et d'une auréole humiliantes, tandis que mes frères dansent autour de moi la danse du scalp et entonnent en chœur : « Pisse au lit ! Pisse au lit ! »

J'appelle au secours, et personne ne veut ou ne sait me répondre.

Pas plus que je n'arrive à me représenter ce que peut être un pays en paix, je ne parviens maintenant à imaginer comment les choses se passent chez les autres. Comment font-ils, les autres, malgré la guerre, malgré la pénurie, pour sortir de leur plumier, bien taillés, bien affûtés, leurs crayons et leurs porte-plume ? Comment font-ils pour avoir toujours avec eux leurs livres, leurs cahiers, leurs gommes, leurs buvards, leurs affaires ? Comment font-ils pour être bien coiffés, bien propres, bien habillés, pour avoir l'air bien nourris ? Est-ce qu'ils sont plus malins, mieux organisés ? Est-ce qu'il y a quelqu'un qui s'occupe d'eux ?

Les mille riens qui accompagnent et qui rythment l'enfance, et qui aident à passer le cap incertain de cet âge où l'on n'a pas encore définitivement décidé d'exister. La fée familière qui vient les border dans leur lit et leur raconte les histoires qui ouvrent les portes du sommeil. La main si douce qui ébouriffe les cheveux, si fraîche quand elle caresse un poignet brûlant, les lèvres qui viennent comme des oiseaux se poser sur la joue, sur le front, la porte laissée ouverte et la lumière qui brûlera toute la nuit dans le couloir. L'apparition qui fera fuir les cauchemars. La tendre voix qui appelle le matin, l'indulgence qui accorde cinq minutes de sursis au réveil comme elle avait accordé cinq minutes de délai – « un tout petit riquiqui » – avant d'éteindre la lampe de chevet. Le chocolat qui fume au moment où on sort de la salle de bains, le petit pain au chocolat glissé dans le cartable pour la récréation, le bouton recousu au dernier moment, l'écharpe resserrée autour du cou, la main plus grande dans laquelle s'abandonne et fond la main plus petite, le dernier baiser sur la petite frimousse juste à la porte de l'école, plus tard l'adieu et le bras agité derrière la fenêtre, les tartines du goûter, l'attention toujours bienveillante, jamais lassée, aux mille récits rapportés du dehors, à ces petites misères dont on se fait de grandes montagnes, à ces petites querelles qui sont des Iliades à la mesure d'une cour ou d'un préau, à ces petites injustices qui sont nos affaires Dreyfus, à ces grandes amitiés, à ces coups de foudre qui sont la toquade d'une après-midi ou une liaison de toute la vie... Ils ont tout cela, les autres, ils ont même l'air de le trouver tout à fait normal, et nous, nous ne l'avons plus, nous ne l'aurons plus jamais. Et c'est pourquoi nous tremblons, pas seulement de froid, dans le noir.

Dans ses petits papiers

Elle était sa raison, sa volonté, sa force. Elle était sa colonne vertébrale et sa boussole. Elle le maintenait debout. Elle l'empêchait de faire n'importe quoi et d'aller n'importe où. Il ne peut plus s'appuyer sur elle. Elle n'est plus là pour le guider. Il n'est plus tenu par personne ni ne tient plus à rien. Il est vraiment désemparé. Mieux placé que quiconque pour savoir que son énergie, sa confiance, sa conscience sont parties avec elle, qu'il a mis au tombeau le meilleur de lui-même. Plus le temps passe, plus il s'en persuade et les défauts qu'il constate chez la vivante, les lacunes qu'il lui trouve, les reproches qu'il lui fait sont autant de matériaux réemployés pour rehausser et agrandir le mausolée qu'il dédie à la morte.

Il n'y a pas trois mois que Dora partage son lit, et il a pleinement vérifié ce qu'il subodorait dès le premier jour : il a fait entrer dans sa vie, par la grande porte, une charmante créature totalement dénuée de cœur et, selon ses critères, à peu près totalement dépourvue d'intelligence – une notion qu'il dissocie malaisément de celle de culture. Créée pour les poufs, les divans, le plaisir des hommes, que fait cette étrangère, que fait cette écervelée dans le grand fauteuil Louis XIV au milieu des milliers de livres, entre les reproductions et les moulages des chefs-d'œuvre du Louvre, face à la photo et aux *Propos* d'Alain, à *La Recherche* et au portrait de Marcel Proust ? Il y a maldonne.

La patience et la diplomatie n'étant pas son fort, il ne prend pas de gants pour lui signifier ce qu'il pense d'elle. Vingt fois par jour, elle se retrouve convoquée au tribunal pour femmes-enfants.

Il lui serine plaisamment, pesamment, qu'elle est le double parfait de Léona, l'héroïne de la comédie à succès de Crommelynck, *Une femme qui a le cœur trop petit*. Il redresse son français, corrige son orthographe, raille ses cuirs, méprise ses amies, écarte ses amis, siffle à tue-tête quand elle chante juste, et persifle méchamment quand elle essaie de parler sérieusement : « Oui, ma chérie, je t'écoute, ma chérie, comme tu as raison, ma chérie... »

Elle se réfugie dans un silence boudeur ou s'entête dans des affirmations puériles, lâche volontairement des énormités, cède sur le terrain des idées générales et contre-attaque avec succès sur celui des questions particulières. Si elle est inculte, elle n'est pas sotte, et, quand elle le veut bien, elle comprend plus vite qu'elle n'apprend. Elle non plus n'est pas particulièrement endurante. Elle n'est pas du genre à nourrir un complexe d'infériorité, à culpabiliser, moins encore à se laisser détruire. Elle ne tarde pas à se rebiffer et lui renvoie ses quatre vérités.

Il l'accuse d'être dure, froide, coquette, vulgaire, ignorante, paresseuse, mauvaise ménagère, dépensière, tous griefs largement fondés ? Elle lui rétorque qu'il est triste, emmerdant, jaloux, pédant et radin, ce qui n'est pas entièrement faux. Il lui dit qu'elle est l'égoïsme en personne. Elle lui répond qu'il est l'égoïsme fait homme, et ils confrontent leurs preuves. Ils ne se gênent pas pour nous. Il attaque sec, elle a le sens de la réplique. Nous sommes au spectacle et le plus souvent aux premières loges. Les échanges vont vite, il y a intérêt à ne pas s'endormir.

Au demeurant elle ne manque pas d'arguments, qu'elle rode de scène en scène. Quand elle entonne son grand air, c'est que les choses vont vraiment mal.

— Ce n'est pas moi, rappelle-t-elle, qui suis venue te chercher. Je ne te demandais rien. Crois-moi, si j'avais voulu, ce n'était pas les occasions qui manquaient ni les soupirants. Ils étaient beaux, enchaîne-t-elle, rêveuse, gais, tendres, généreux, exactement ton opposé… Tu dis que je suis capricieuse ? Tu as bien raison, j'ai eu un caprice pour toi, et les caprices, ça passe. Tu me reproches de ne pas aimer les enfants ? Pourquoi aimerais-je *tes* enfants ? Jean est un insolent et un voleur, Alain est insupportable, ton fameux Benjamin est un sale petit hypocrite ! Si j'avais un enfant à moi, tu verrais comme je l'aimerais. Seulement, pour faire un enfant, il faut être deux, et j'aime mieux m'abstenir d'être mère que de lui infliger un père comme toi… Dire qu'à vingt-quatre ans il a fallu que j'aille m'enterrer chez un père de famille nombreuse qui n'est même pas amoureux de moi… Si tu m'aimais, tu me couvrirais de baisers, tu m'emmènerais danser, tu me ferais tant de cadeaux que je serais obligée de les refuser ! Si tu m'aimais, il y a long-temps que tu aurais eu le courage d'écrire à André pour lui avouer la vérité. Nous aurions peut-être fait de la prison tous les deux, mais après tu aurais été libre de me demander en mariage. Remarque, tu me proposerais de t'épouser, main-tenant que je te connais, je te dirais tout de suite non, je n'ai aucune confiance en toi, à aucun point de vue. La vérité, c'est que tu avais besoin d'une boniche et qu'avec moi, tu espérais l'avoir gratis ! Manque de chance, je n'aime pas faire le ménage, moi, je ne me crèverai pas au service de la famille Jamet, moi, je ne suis pas parfaite, moi, cherche ailleurs une autre poire ! Pour moi, une femme, c'est autre chose qu'une domestique ! À quoi ça servirait de n'être pas un laideron si on n'avait pas les hommes à ses pieds ? Tiens, ton ami Péchoud, enfin tu crois que c'est ton ami, tu n'as pas vu l'autre jour comme il me regardait ? Et s'il se contentait de regarder. Il est capable de tout lais-ser tomber sur un signe de moi, il me l'a bien fait comprendre...

Là, elle met dans le mille. Il feignait d'être impassible, de planer dans les sphères supérieures de l'esprit, sa vraie demeure. Tout au plus ricanait-il au passage ou pianotait-il de ses longs doigts nerveux sur son bureau. Mais à ce trait, il ne tient plus.

— Garce !

Il se lève, va droit sur elle, lui serre le bras à la faire crier. Les larmes viennent aux yeux de Dora.

— Brute ! gémit-elle, il me bat, et devant les enfants ! Ah ! tu leur donnes un bel exemple !

Il relâche son étreinte, elle se dégage, court s'enfermer dans leur chambre, revient bientôt en brandissant une brosse à dents.

— Cette fois, c'est fini, n-i ni, je m'en vais.

Et elle s'en va sans qu'il ait un geste pour la retenir.

Maître du terrain, il ne manifeste aucune allégresse. Il ouvre machinalement un livre, le referme, prend quelques notes, s'avise de notre présence et nous intime l'ordre d'aller au lit. Sitôt fait, il se précipite dans l'escalier. Deux heures plus tard, nous entendons la clé tourner dans la serrure : ils rentrent bras dessus bras dessous, gais comme des collégiens, très amoureux...

Au lendemain de ce genre de scènes, il arrive à Dora de faire de méritoires efforts. Jusqu'à deux, trois jours d'affilée, elle se lève avant nous, nous aide à nous préparer, elle nous fait chauffer et nous verse du chocolat, elle rallume le feu dans le bureau. Elle va jusqu'à éplucher des pommes de terre pour le déjeuner. Ce n'est pas qu'elle s'est mise à nous aimer, ce n'est que pour lui plaire. Elle n'est toujours pas lasse de ne rien faire.

Si la brouille dure, ça nous retombe dessus. Heureux quand elle nous néglige et ne nous houspille pas. Je suis sa victime préférée : elle aussi est jalouse de la prédilection éhontée que me voue mon père, où elle voit de plus sa propre condamnation.

La tendance générale est à l'orage. Le ciel se couvre. Il y a de plus en plus souvent éclipse de la lune de miel. Les petits carnets de mon père ne sont pas pour rien dans cette détérioration rapide.

Depuis toujours, il tient son Journal intime où il consigne avec une franchise exhaustive tout ce qui, d'une manière ou d'une autre, l'affecte, aussi bien ce qui lui passe par la tête que ce qui se passe dans sa vie. Ce Journal est tout à la fois son miroir, son confident, son confesseur, son psychiatre. Il s'y fait une règle absolue de tout dire, sans ménagement et sans pudeur, et d'abord sur ses débats, ses ébats et ses écarts amoureux. Il y détaille notamment tout le mal qu'il pense de ses partenaires d'un moment ou de ses compagnes. Comme il l'a lui-même noté un jour, quand tout va bien, il n'y a rien à en dire. Il lui arrive aussi d'analyser et de juger, en général sans tendresse, son propre comportement.

Ce sont de vraies petites bombes à retardement qu'il transporte ainsi avec lui. Pour tout savoir jour par jour, heure par heure, de ses pensées, de ses actions, de ses regrets et de ses rêves, de ses faiblesses, de ses mensonges et de ses sentiments véritables, il suffit de le lire. Lui-même, à l'occasion, aime à en donner lecture – une lecture sélective – au cercle de ses intimes qui ne sont pas moins curieux de ce qu'il leur cache que de ce qu'il leur dit. Tous ceux qui le connaissent savent le prix qu'il attache à ces petits carnets de moleskine noire à tranche violette, à ce livre de vie où il voit le matériau brut de son œuvre en devenir, où il finira par voir son œuvre même. Il y a raconté l'angoisse mortelle qui était la sienne lorsqu'il craignait de les voir saisis et détruits par l'autorité militaire française, puis allemande. Il s'y est étendu sur le coup terrible que lui a porté la disparition définitive de deux de ces carnets, l'un probablement perdu, l'autre volé sans doute, et l'effort qu'il a fourni pour les reconstituer de mémoire. Aussi la constance avec laquelle il laisse traîner ces témoins indiscrets et compromettants en des lieux visibles ou accessibles, sur la cheminée ou la table du bureau, dans des tiroirs qui ne ferment pas à clé, au fond de ses poches, pourrait-elle être mise au compte d'une extraordinaire naïveté ou d'une inconcevable distraction s'il n'était clair qu'il trouve une délectation perverse aux rebondissements et aux complications qu'entraîne la découverte de ces pages, notamment par celles auxquelles elles sont principalement consacrées sans leur être officiellement destinées. Son plaisir est plus vif d'être partagé. C'est un jeu bizarre qu'il prolongera tout au long de sa vie.

Nous avons tous des contradictions. Il n'en est pas exempt. Il est comme tout le monde : il déteste les scènes. Mais il fait toujours en sorte d'en créer les conditions. Il n'aime pas voir pleurer, car il ne supporte pas la vue de la souffrance. Je veux dire qu'il ne supporte pas les femmes qui pleurent. Il aime seulement les faire pleurer.

Dora tombe de son haut la première fois qu'elle met la main – par hasard, bien entendu – puis jette les yeux sur le petit carnet où elle apparaît dans le rôle principal. Non pas que les traits sous lesquels elle est dépeinte ou les disputes qui y sont évoquées lui apprennent quoi que ce soit : elle a vécu les unes, et elle connaît par cœur les reproches qui sont formulés ici. Mais une chose est de se les voir jeter à la figure dans le feu de la colère et de la vie, une autre est de les retrouver consignés par écrit, argumentés, et aggravés d'être confirmés à tête reposée. De plus, elle se reconnaît, quoi qu'elle en ait, dans le miroir qui lui est ainsi tendu, et découvre la tentation de ressembler à sa caricature. Mais elle découvre aussi la puissance intacte de l'ombre qui hante encore la maison, et à laquelle les carnets ne cessent de la confronter en l'accablant sous le poids d'une constante, absurde et humiliante comparaison. Comment pourrait-elle rivaliser avec la femme parfaite dont il répète presque à chaque page qu'il la voudrait par-dessus tout vivante, dans n'importe quel état, mais vivante ? C'est tout juste s'il ne la peint pas, elle, Dora, sous les traits d'une moderne lady Macbeth. Dans quel mépris, proche de la haine, ne la tient-il pas !

Diaboliques petits carnets. Comme si les sujets de dispute leur manquaient dans la vie, ils fournissent à volonté des motifs de querelle. Les scènes qu'il y consigne immédiatement et scrupuleusement sont le meilleur tremplin pour de nouvelles scènes. Elle sait trop combien il y tient pour jamais oser les détruire. Ce serait le point de non-retour. Mais elle passe son temps à les lui chiper, tant pour savoir ce qu'il pense vraiment d'elle que pour négocier leur rétrocession contre des promesses, des excuses ou des gages. Et pour que le tableau soit complet, elle ouvre à son tour un petit carnet qu'elle laisse traîner, bien en vue, çà et là. Elle y dit sans fard ce qu'elle pense de lui, intellectuellement, moralement, physiquement, techniquement. Elle y évoque les aventures qu'elle n'a pas eues, bien sûr, parce qu'elle est fidèle, mais qu'elle pourrait bien avoir, qu'elle finira par avoir s'il continue d'être comme il est.

Bref, le ton monte et le torchon brûle. Il n'en resterait bientôt plus rien s'ils ne finissaient toujours par se réconcilier. Il y a là un mystère qui ne semble pas trop surprendre mes grands frères, et qui me dépasse. C'est que je m'arrête peureusement au seuil sacré de leur chambre.

Comment peuvent-ils s'aimer alors qu'ils ne s'estiment pas, et proclament constamment toutes les raisons qu'ils ont de se haïr ? Je ne me trompe pas. Ils ne s'aiment pas. Chacun n'aime chez l'autre que les satisfactions qu'il en tire. Ils vivent une grande histoire de plaisir solitaire à deux. Que peuvent-ils bien faire ensemble, qui les attache malgré tout l'un à l'autre ?

L'amour.

Le Maréchal, collé au mur

Matin, midi et soir, en semaine et même le dimanche, dix fois par jour je croise le Maréchal. Le Maréchal habite le hall d'entrée de l'immeuble. Collé au mur qui imite le marbre. Parfois, le Maréchal a la mine sévère. Il pointe un doigt accusateur, droit devant lui, en direction de son propre reflet, dans la grande glace qui lui fait face. Son reflet, sans se démonter, lui rend la pareille. Parfois, le Maréchal et son reflet, débonnaires, se sourient paternellement. Ils ne vont jamais jusqu'à se faire des clins d'œil. Parfois, le Maréchal est en civil. Parfois, il a revêtu le grand uniforme, coiffé le beau képi à feuille de chêne qui lui va si bien et agrafé à sa veste une seule médaille au ruban jaune et vert. Mais c'est toujours le même beau visage, la même bonne grosse moustache à quoi on reconnaît les anciens combattants – les vrais, ceux de la Grande Guerre, comme mes deux grands-pères.

Le Maréchal prononce des paroles quelquefois un peu étranges, voire franchement incompréhensibles, mais si belles, si fortes, qu'elles se gravent instantanément dans la mémoire où elles semblaient attendre leur place de toute éternité. Il dit : « Je tiens mes promesses, même celles des autres. » Il dit : « Je hais les mensonges qui nous ont fait tant de mal. » Il dit : « La terre, elle, ne ment pas. » Il ne hait pas la terre.

Le Maréchal est partout. Il est sur les timbres. Il est sur le calendrier des Postes. Il trône sur les cheminées au milieu des photos de famille, il orne la devanture des commerçants, il est déjà dans les livres d'histoire et il ouvre encore les actualités, il a gagné la guerre de 14, c'est un précédent de bon augure, il a planté son bâton (de maréchal) au revers des pièces de monnaie, il est dans toutes les têtes, il est sur toutes les lèvres, tout le monde en a plein la bouche.

Quand nous allons tous les trois nous faire couper les cheveux, le carillon à la porte du salon n'a pas fini de tinter que le coiffeur, qui se nourrit de l'air du temps, nous accueille d'un jovial : « Ah ! voilà la jeunesse du Maréchal ! » Respectueux des consignes reçues, nous refusons fermement les shampooings, lotions et autres saletés qu'il nous propose avec insistance. En revanche quand il nous promène derrière la nuque sa petite glace, rapidement, mais c'est assez pour constater qu'à son habitude il n'a pas coupé aussi court que demandé, nous acquiesçons lâchement. Quand nous sortons, le visage connu, fraîchement affiché, s'étale sur les murs. Deux lignes imitant l'écriture manuscrite, imprimées en italique au bas du portrait du Maréchal, posent une question simple et directe : « Êtes-vous plus français que lui ? » Comment pourrions-nous l'être ? Qui pourrait se permettre, par les temps qui courent, d'avoir les yeux plus bleus que le Maréchal ? ou les cheveux mieux coupés ? ou la moustache mieux taillée ? Si seulement nous avions le même coiffeur que le Maréchal !

La guerre s'est installée dans la routine. Aux éventaires des marchands de journaux, les mêmes noms reviennent indéfiniment faire la une, imprimés à l'encre grasse, énormes et noirs, et éclatent de nouveau le soir dans la bouche des crieurs édentés et tonitruants : Tobrouk, Sollum, Marsa-Matrouh, El-Alamein, Alexandrie, Kharkov, Sébastopol, Moscou, le Don, le Dniepr... La radio résonne des noms exotiques d'affrontements gigantesques qu'accompagnent des fanfares cuivrées. Le cinéma qui donne en noir et blanc une réalité à vrai dire un peu répétitive aux épisodes d'une épopée apparemment aussi interminable que le Mahâbhârata popularise le blouson de cuir, les lunettes de tankiste, les jumelles, la casquette à visière artistement cassée, les yeux clairs, les pommettes saillantes, le visage ascétique, la voiture de commandement, les ruses, les exploits du général Rommel et les prouesses de son Afrikakorps. Plus que la Kriegsmarine, plus encore que la Luftwaffe, l'invincible Wehrmacht se taille la part du lion et ne cesse d'inscrire de nouvelles pages de gloire sur le sol gelé des steppes, dans les déserts brûlants d'Afrique et les montagnes du Caucase. Cette suite ininterrompue de victoires se traduit par des conquêtes qui appellent à de nouveaux sacrifices et débouchent sur de nouvelles batailles. Le mot « Fin » n'est pas près d'apparaître sur les écrans.

La vie dans Paris occupé a pris son rythme de croisière. Les théâtres, les cinémas, les music-halls sont pleins, les cabarets et les hippodromes aussi. On y vient chercher, qui de la chaleur et du rêve, qui des aventures et dépenser ses bénéfices ou ses Reichsmark. Serge Lifar, aérien et gominé, traverse en trois jetés-battus la scène de l'Opéra sous les ovations d'une salle où alternent uniformes et robes du soir. Abel Bonnard et Jean Cocteau se pâment devant les nudités viriles des statues d'Arno Breker. Drieu La Rochelle et Robert Brasillach, Derain, Vlaminck et Maillol, Albert Préjean, Danielle Darrieux et Suzy Delair font le voyage de Berlin. Le Vél'd'Hiv alterne les manifestations sportives et les grand-messes antibolcheviques, le Gaumont-Palace les avant-premières et les meetings, le Grand Palais les expositions artistiques et les démonstrations antisémites et antimaçonniques, la salle Pleyel et la salle Gaveau les concerts et les fêtes de charité. Entre Fête des Mères et Noël du prisonnier, Colis du Maréchal et Secours immédiat, l'entraide, la solidarité, la générosité, la charité sont à l'ordre du jour. Compte tenu des circonstances, l'époque se doit d'avoir du cœur et plus encore de l'afficher.

Le fait est que les temps sont durs. Les gens aussi. Les réserves d'altruisme sont au plus bas, les stocks de compassion épuisés. On se serre les uns contre les autres dans des foyers redevenus tanières. Chacun pour soi, ou pour les siens, ou pour le cercle très restreint des quelques personnes auxquelles il tient. La bonté ne court pas les rues noires. Qu'est-ce qu'un petit malheur particulier dans le grand malheur général, qu'un deuil familial dans un temps de guerre, de misère, de peur et de mort ? Ne les aurions-nous pas nous-mêmes enlevés, nos brassards de crêpe et les tickets de douceur auxquels ils donnaient droit étaient péri-més bien avant la fin de l'hiver.

L'une après l'autre, les portes se ferment devant nous. Les invitations, que nous ne rendons jamais, s'espacent, se raréfient, puis cessent. Sans doute le scandale de la vie paternelle, peut-être les opinions qui sont prêtées à notre père n'y sont pas pour rien. Mais à dire vrai, bruyants, insolents, mal nip-pés, renfermés, nous ne sommes pas non plus très fréquentables. Que sont devenus les trois gentils petits garçons dont Hélène était si fière ? Nous apportons en société, mes frères leur effronterie, moi ma timidité, tous les trois notre gloutonnerie. Dans cette période de disette, il ne viendrait à per-sonne l'idée de s'extasier ou de s'attendrir sur notre bon appétit.

Même les Moustier, après avoir éconduit mes frères, me font comprendre gentiment mais nette-ment que je ne suis plus le bienvenu. Adieu moquette, adieu Tessa ! Le dernier livre, je crois, qu'elle m'ait prêté, celui en tout cas qui m'aura laissé la plus forte impression, est l'histoire bien connue de *La Petite Princesse*. Fille d'un brillant et richissime officier de l'armée des Indes, Sarah a grandi dans le faste et le luxe. Mais voilà que sa mère meurt et que son père, rendu presque fou par le chagrin, ne donne plus signe de vie et perd la trace de son enfant. Devenue la bonne à tout faire et le souffre-douleur du pensionnat londonien pour petites filles riches où elle a été placée, Sarah, en butte au froid, à la faim, aux humiliations, aux coups, touche le fond de la détresse et de la soli-tude. Or, un soir où elle regagne sa misérable man-sarde sous les toits – son seul ami y est un rat, heureusement d'une délicatesse et d'une distinction peu communes –, portant sa cruche d'eau glacée et soufflant sur ses doigts meurtris par les engelures, un grand feu brûle dans la cheminée, son lit a été changé, la chambre joliment meublée, et un magnifique dîner est servi pour elle seule. Ah ! comme les choses finissent bien dans les romans !

Alors, je lis, je lis à me crever les yeux, je lis tout ce qui me tombe sous la main, je plonge dans l'océan sans fond de la lecture. Pour oublier la guerre qui rôde autour de nous, je feuillette sans trêve le *Panorama de la guerre de 14-18*, quatre volumes magnifiquement illustrés de photos tirées en bleu et en sépia et de gravures en couleurs, la boucherie sous cellophane, le massacre mis à la portée des enfants. Je ne crois plus qu'aux livres, ce sont les seuls amis. Il n'y a de vrai que les rêves. Je ne veux pas voir la laideur du monde.

Le temps passe. Déjà nos visites au cimetière sont plus rares. Bientôt elles se limiteront aux jours anniversaires de Maman – celui de sa naissance, celui de sa mort – et à la Toussaint. Le temps passe. D'abord, c'est la petite cérémonie du souvenir qui nous réunissait chaque soir pour une prière laïque qui tombe en désuétude. Dans le cours de nos bagarres forcenées, il nous arrive sans le vouloir d'endommager la malheureuse feuille jaunie punaisée dans notre chambre. Les quatre coins du faux parchemin sont successivement arrachés. On répare les dégâts comme on peut, on le fixe de nouveau au mur, mais, mutilé, rafistolé, portant les traces de blessures mal pansées, il a perdu son caractère sacré. Nous ne le voyons plus. Un jour, il disparaît, on ne sait comment, on ne sait où, sans qu'aucun de nous y prenne même garde. Le temps passe...

La rue Vavin est une tranchée grise entre deux rangées de grands immeubles noirs. Le soleil ne vient jamais éclairer le fond de la rue ni le grand appartement sinistre où nous allons vivre toutes les années de la guerre et bien au-delà.

La neige, durant ces hivers sans merci, n'est ni enlevée ni salée. Elle tient des semaines dans les rues. Pourtant, même au plus fort de la froidure, chaque matin je veux croire au jour nouveau. Les pieds dans l'eau, la tête dans les rêves, je vais les mains ouvertes devant moi, persuadé que le bonheur est à portée de geste.

Le printemps arrive. Chaque matin le clocher de Saint-Jacques-du-Haut-Pas se détache plus nettement sur le ciel clair. Les oiseaux chantent à tue-tête dans les frondaisons du Luxembourg. Derrière les grilles, les jardiniers font pousser des poires protégées des oiseaux et des insectes par de petits sacs en papier. On peut toujours rêver d'en cueillir une. Un rien m'émerveille, et d'abord le soleil neuf, plus chaud chaque matin. Sur le chemin de l'école, le matin et le soir, je chante, je chante tout ce qui me passe dans la tête, les succès du jour, les refrains à la mode ou des comptines, de vieilles chansons que j'ai apprises dans une autre existence peut-être et dont je me souviens. Je suis une cigale. Je suis l'enfant qui s'en va tout seul.

Le côté de Sarrazeuil

Nous allons passer les grandes vacances de 1942 chez les Brouchon, à Sarrazeuil. Le village est bâti sur une petite éminence. Certains érudits locaux assurent que son nom lui vient du séjour qu'y auraient fait les Sarrasins avant d'être boutés hors de France par Charles Martel et croient pouvoir encore identifier chez quelques naturels du pays des traits physiques qui les apparentent aux Maures. D'autres savants toponymistes, plus prosaïques, disent que tout simplement on cultivait ici le sarrasin dès le Haut Moyen Âge. Le Futuroscope n'a pas encore poussé ses pseudopodes de verre et de béton dans la campagne alentour, l'agglomération poitevine n'a pas encore essaimé des lotissements médiocres sur sa périphérie. Au milieu des champs, des prés et des vignes, au bord de la route de Bonneuil-Matours, Sarrazeuil est une petite communauté paysanne comme il y en a des dizaines de milliers en France, où il fait bon vivre, un peu endormi, à l'ombre du clocher d'une vieille église romane. Les Brouchon y ont leur logement de fonction dans le bâtiment de la mairie-école. Monsieur Brouchon tient le secrétariat de mairie et, avec le titre de directeur, enseigne les garçons de six à quatorze ans. Madame Brouchon enseigne les filles, élève ses deux enfants et tient la maison.

Monsieur Brouchon est un petit homme râblé, le visage rougeaud, les cheveux et la moustache poivre et sel. Monsieur Brouchon est la crème des hommes. La crème mais aussi la soupe au lait. Si on lui trouve le plus souvent une expression bougonne, c'est qu'il ne décolère guère avec ses élèves, dont les études sont le moindre souci. Aussi ne déçoit-il pas l'attente de leurs parents, qui apprécient qu'il leur tire les oreilles à propos, leur botte les fesses à bon escient, et en rajoutent lorsqu'ils trouvent la correction insuffisante.

Des yeux perçants, un long nez aquilin, un air d'autorité, une voix de commandement, un sens exigeant du devoir, madame Brouchon est une grande âme impérieuse, un peu trop sûre de détenir toujours les bonnes réponses, simples et justes, aux questions les plus compliquées. Elle s'emporte facilement, elle aussi, soit pour des vétilles ménagères, soit pour de nobles causes. Elle n'est que générosité. Elle aime admirer et servir.

Il y a au rez-de-chaussée à droite en entrant chez les Brouchon une salle à manger-salon cirée, encaustiquée, au parquet blond, brillant, glissant comme un étang gelé. On n'y pénètre que chaussé de patins. C'est une pièce qui ne sert pas. On se tient et on prend les repas dans la bonne vieille cuisine aux murs noircis par la fumée : le feu de bois ne s'y éteint jamais. Avant d'entrer dans sa maison, monsieur Brouchon ne manque pas d'ôter ses sabots et de les taper l'un contre l'autre, puis il s'essuie longuement les pieds sur la grille de fer.

Son fiancé tombé au front, madame Brouchon a épousé ce bon homme quand il est revenu de la guerre, « l'autre guerre », comme on commence à dire. Elle ne s'embarrasse pas toujours de diplomatie et ne lui cache pas assez qu'elle ne le tient pas pour l'élément moteur de leur couple. Quand elle le lui fait trop sentir, il siffle son chien et part en promenade. Ou bien il va à la pêche. Ou encore il bine son jardin potager.

Précaution liminaire et utile qui, tournant au rite, inaugurera chacune de nos arrivées à Sarrazeuil : nos vêtements partent immédiatement pour la lessiveuse et, sous la pomme d'arrosoir d'une douche rustique, un shampooing au vinaigre nous débarrasse de nos poux et de nos lentes. Nous sommes pris en main. On nous force à nous laver, à prendre des bains de soleil, à nous promener, à faire nos devoirs de vacances. On nous fait tirer l'eau à la pompe, cueillir les tomates, écosser les petits pois, effiler les haricots verts, on nous bouscule avec la vivacité de la vraie tendresse, pour notre bien.

Jean rit pour un oui pour un non, Alain pleure facilement, je suis trop inaltérablement radieux pour que ce soit naturel. C'est trois fois la même chose. Trois petites planètes gelées égarées loin de leur galaxie originelle, perdues dans un ciel vide, trois solitudes que ne réchauffe plus aucun astre, que n'éclaire même plus la lumière des étoiles mortes. Au sortir de l'hiver parisien, c'est ici, à Sarrazeuil, que nous emmagasinons l'affection et les calories grâce auxquelles nous traverserons le long hiver à venir.

En ces temps où les villes se tiendraient trop heureuses d'être approvisionnées en vaches maigres ou folles, où la disette fait crier les ventres creux, notre cher Poitou fait figure de pays de cocagne où coulent le lait et le miel. On y est loin pourtant de l'abondance d'avant guerre et madame Brouchon s'étonne qu'on ne nous ait pas munis de nos cartes de lait et de pain, puis s'agace que, malgré son insistance, ces fameuses cartes ne quittent pas Paris où, bien entendu, elles ne sont pas perdues pour tout le monde. Elle a beau considérer notre père comme bien au-dessus de telles petitesses, elle est en droit d'en concevoir quelque humeur. Elle n'ignore pas que l'envoi hebdomadaire de colis alimentaires à destination de la capitale par elle-même et sa sœur Madeleine fait jaser au village où la voix publique ronchonne qu'il n'y a déjà pas tant à manger sur place qu'on puisse se priver au bénéfice des Parisiens. Encore, pour ne pas enfreindre des réglementations fort strictes et pour apaiser la rumeur, les bonnes dames de Sarrazeuil se font-elles passer pour nos cousines. N'empêche, elles aimeraient bien récupérer nos cartes et, accessoirement, leurs emballages et leurs ficelles, également introuvables. Mais Paris fait la sourde oreille, même quand il a le ventre plein.

La maison des Brouchon n'en est pas moins pour nous un fabuleux palais de Dame Tartine, une demeure enchantée où nous allons de tomates farcies en clafoutis, en riz au lait, en œufs à la neige, en soupes épaisses, en omelettes, en tartes aux abricots et aux mirabelles. Nous nous jetons comme des loups sur toutes ces bonnes choses oubliées.

De tels excès se paient. Je ne me sens pas bien. Le docteur Ferré diagnostique une jaunisse. On me couche au premier étage dans la belle chambre d'amis. De mon lit, je découvre un coin de ciel bleu et des feuillages dont l'ombre bouge sur le mur. Je lis, je rêve, je rêve, je lis. Les heures sonnent au clocher, de l'autre côté de la rue. De temps en temps, la porte s'ouvre doucement. C'est madame Brouchon qui vient s'enquérir de son petit malade ou lui faire l'hommage, sur un plateau, d'un potage léger, d'un lait de poule ou d'une part de gâteau. Elle s'assied au bord de mon lit, prend des nouvelles de mes lectures et m'en donne du dehors. Elle pose une main sur mon front. Le soir, elle me donne un baiser dans les cheveux. Je suis rentré chez moi. Le soleil ne se couche plus. Les jours n'ont plus de fin. Le temps est immobile.

Grande émotion aux jours de derby cantonal, lorsque l'équipe de Sarrazeuil – culotte bleue, maillot jaune – rencontre celle de Charassé – culotte blanche, maillot rouge. La passion monte sur le terrain communal, nourrie du désir de régler à l'occasion du match un contentieux aussi ancien que les deux villages et leur rivalité, fait du souvenir d'innombrables batailles d'enfants rageurs et de jeunes coqs amoureux, de conflits d'intérêts, de dictons désobligeants, de sobriquets insultants, le tout entretenu, magnifié, envenimé par la tradition orale et grossi des incidents survenus lors des matches précédents.

Couché dans l'herbe, je suis un moment le ballet compliqué que tissent au ras du sol les chaussettes rayées bleu et jaune des gars de Sarrazeuil, les chaussettes rayées rouge et blanc des gars de Charassé. Les joueurs – assurément des gringalets ordinaires – me paraissent des montagnes, leurs têtes se perdent dans le ciel, très haut au-dessus de leurs jambes poilues et de leurs genoux orgueilleux. Ils ont des voix énormes, se traitent de tous les noms que leur fournit le patois, se bousculent, se font des croche-pieds, ignorent superbement les règles du jeu et le sifflet de l'arbitre. De temps en temps, on évacue un équipier qui saigne du nez ou se tient la tête. Il revient quelques instants plus tard, des bouts de coton enfoncés dans les narines ou le front bandé, auréolé de sa blessure.

Puis le match, les cris, les galopades furieuses qui arrachent des mottes de terre au champ se perdent dans le lointain. Je m'étends sur le dos, les bras en croix. Le ciel défile dans mes yeux. Là-haut les nuages, les merveilleux nuages blancs filent dans l'azur profond. Les histoires qu'ils racontent épousent leurs formes changeantes. Bientôt ils ne bougent plus et nous sommes emportés au-devant d'eux, moi, l'herbe, le terrain, à la vertigineuse vitesse de la Terre.

Nous découvrons la fièvre des batteuses, le feulement continu et les emballements subits de cette grosse locomotive immobilisée derrière les granges, couplée à une sorte d'énorme wagon-tender qui enfourne sans se lasser les offrandes de gerbes que les hommes lui tendent au bout des fourches, l'odeur chaude et sèche du blé moulu. Les femmes ensachent le grain, les gars entassent la paille dans les granges, une poussière d'or danse dans l'entre-bâillement des portes, à l'intérieur des greniers troués de flèches de lumière. Le soleil joue avec les ombres. La piquette ne fait qu'exacerber la soif inextinguible qui assèche les gosiers.

La pluie tombe parfois toute la journée, et plusieurs jours de suite. Nous nous réfugions sous le préau de l'école, juchés sur un échafaudage de bancs empilés qui sentent le vieux bois. Ou si l'averse nous surprend sur le chemin de la forêt de Moulières, nous nous abritons sous les hangars des scieries qui jalonnent la route de Tron à Charassé et sentent le copeau frais et la vieille graisse. J'aime la musique de la pluie, qu'elle tambourine des heures durant sur les toits de tôle ou que les dernières grosses gouttes s'écrasent sur les feuilles et le gravier dans la cour de l'école. Je resterais bien là où je suis, à me raconter des histoires, à suivre de près les fourmis qui cheminent dans la sciure et ne se laissent détourner par aucun obstacle. J'aime aussi, dans l'ombre de l'appentis dissimulé derrière le mur du préau, jouer avec la vieille Renault de monsieur Brouchon. Elle est sur cale depuis l'armistice, les roues planquées dans une cache connue seulement de leur propriétaire. Ces petits détails ne sauraient m'empêcher de conduire, et même très vite. Mais mes frères n'aiment pas que je lise, que je rêve ou que je m'amuse tout seul. Je ne les comprends pas. Je ne fais pas de bruit. Je ne les dérange pas. Mais justement, ils n'aiment pas ce silence qui les exclut. Ils sont sociables, eux. Ils tiennent à ce que je participe à leurs jeux, que par exemple j'y joue le rôle de la victime, ou du traître. Madame Brouchon les approuve, elle s'inquiète de me voir toujours seul, elle voudrait que je sorte un peu plus de moi-même. Nous jouons donc, puisqu'il le faut, avec Jean, Alain, Françoise Brouchon, qui a le même âge que Jean, et, quelquefois, son grand frère Jacques, dix-sept ans. Quand on a épuisé les joies saines du chat perché, de colin-maillard, de cache-cache et du ballon prisonnier, à quoi peut-on bien jouer ? À faire la guerre.

Notre père vient nous retrouver après le 15 août. En fait, il est au régime de la demi-pension. Il a retenu pour Dora une chambre d'hôtel à Poitiers. Il l'y rejoint chaque soir, à pied. Madame Brouchon n'a vu Dora qu'une fois, lors d'un déplacement à Paris. Elle l'a toisée, elle l'a jaugée, elle l'a jugée, sans appel : « une insignifiante ». Elle a prévenu qu'il n'y aurait pas de place pour cette personne à Sarrazeuil. Elle le laisse se reposer quelques jours, et puis un soir, après le dîner, qu'ils sont tous deux assis face à face sous le manteau de la cheminée : « Je sais que je vais encore me mêler de ce qui ne me regarde pas... » Il savait bien qu'il n'échapperait pas avant de partir à cette conversation-confession au coin du feu, au sermon et aux conseils. Il sait aussi que ni l'indiscrétion, ni la curiosité, ni aucun mobile médiocre ou bas n'animent son interlocutrice. D'où vient l'intérêt qu'elle prend à ses affaires ? Madame Brouchon l'a-t-elle aimé ? D'une certaine manière sans doute, à partir d'une admiration ancienne, mais alors d'un amour sublimé, pur de toute ambiguïté. Elle estime de son devoir envers lui, envers celle qui fut son amie, envers nous, envers elle-même, de l'arracher au marécage des compromis sentimentaux et moraux où elle le voit avec consternation s'enliser. L'ascendant qu'elle a pris sur lui est tout naturellement celui qu'exerce une âme forte sur une âme faible.

« Vous faites deux fois fausse route, mon ami, décrète-t-elle. Vous devriez vous consacrer à ce que vous savez si bien faire, où vous excellez : enseigner, et vous abstenir d'écrire dans les journaux, d'avoir la moindre activité publique tant que tout ça ne sera pas fini. Ce n'est pas le contenu de ce que vous écrivez qui importe en ce moment. Vous dites que vous défendez les idées qui ont toujours été les vôtres et qu'il n'y a pas de mal à émettre des jugements d'ordre littéraire. Mais aucune voix pacifiste, aucune voix humaniste, pas même la vôtre, ne peut se faire entendre actuellement. On retient seulement que vous écrivez. Vos vrais amis, vos amis d'ici, se désolent de voir votre nom mêlé aux noms de personnes et aux titres de journaux qui sont en horreur à tout le monde. Vous savez ce que j'en pense, maintenant vous êtes libre de faire comme bon vous semble et de continuer à céder aux satisfactions de la vanité. Vous êtes assez grand pour prendre vos responsabilités. Tant pis pour vous. Mais pour votre vie privée, en souvenir de Marguerite, au nom de vos enfants, je vous dis halte-là. Cette Dora ne vaut rien, elle ne vous vaut rien, elle ne leur vaut rien. Tout ce qui a changé chez vous, et pas en bien, vous vient d'elle. Vous pouvez encore arrêter le gâchis. Vous avez besoin d'une femme, soit. Vos enfants ont besoin d'une mère. Dora est indigne d'être votre femme. Elle est incapable d'être une mère.

« Regardez autour de vous. Dans votre hypokhâgne de Poitiers, Marguerite Teille était votre plus fidèle disciple, et votre élève préférée. Vous étiez son idole, elle ne vous était pas tout à fait indifférente. Mais vous n'étiez libres ni l'un ni l'autre. Le malheur en a disposé autrement. Je sais qu'elle vous a écrit après la disparition de son fiancé, puis après la mort de Marguerite, et que vous lui avez répondu. C'est une bonne petite, elle est jeune, elle est fraîche, elle est désintéressée, elle vous aime. Elle saura s'occuper de vous et des petits. Je ne crois pas au destin, mais c'est comme s'il l'avait placée sur votre route. Elle est la compagne qu'il vous faut. »

Dora s'ennuie à Poitiers. Elle trouvait un peu fort que pour ménager cette vieille bique de madame Brouchon on la traite en pestiférée. Elle devine qu'il se trame quelque chose et la consultation des petits carnets lui en apporte la confirmation. Ulcérée, elle fait sa valise et saute dans le premier train.

Madame Brouchon a le champ libre et manœuvre ses pions. Marguerite Teille qui, apparemment, attendait derrière la porte le moment d'entrer en scène, s'arrange pour se procurer en un temps record tous les *Ausweis* nécessaires et débarque de Limoges à Sarrazeuil, côté cour de l'école. Promenades à travers la campagne, tête-à-tête au coin du feu sous le regard bienveillant de madame Brouchon. Elle a des joues comme des pommes, des taches de rousseur, elle porte déjà les couleurs de l'automne qui arrive. « *Si vous vouliez... Quand vous voudrez... S'il ne tenait qu'à moi... Il ne tient qu'à vous... Puis-je vous croire ?... Faites-moi confiance.* »

Nous rentrons à Paris. Marguerite Teille regagne ses pâtures limousines, à l'affût du premier signe.

Le Maître et Marguerite

En cette rentrée d'octobre 1942, nous remarquons dans les rues, deçà, delà, des hommes et des femmes qui portent une étoile de tissu jaune à six branches, bien apparente, sur leurs vêtements, juste à la place du cœur. Les contours extérieurs et intérieurs des deux triangles opposés qui constituent l'étoile sont grossièrement soulignés de coutures brunes. Au centre de l'étoile le mot « Juif » est transcrit en caractères pseudogothiques. Ceux qui portent l'étoile – ils n'ont pas le droit de s'en exempter – sont juifs. Ceux qui ne sont pas juifs n'ont pas le droit de porter l'étoile.

À l'école, les mêmes fleurs jaunes s'épanouissent sur le tablier de quelques filles, le chandail ou la veste de quelques garçons. Qu'est-ce que cela veut dire ? Les professeurs, les maîtresses n'en parlent pas. Leur seul courage – minimum d'élégance, maximum de prudence – consiste à ne faire semblant de rien. Mes camarades et leurs parents n'en disent pas davantage. Les intéressés moins encore.

À la maison, il n'en est pas question. Le sujet est aussi tabou que l'éducation sexuelle. Personne ne nous explique le pourquoi de la chose étrange. À croire que c'est un point (textile) de détail, et qu'on ne voit pas les étoiles en plein jour.

Lors d'une des premières récréations, j'ai abordé Tennenbaum. C'est un garçon tranquille, des sourcils fournis, un regard noir qui se dérobe derrière les verres épais de ses grosses lunettes d'écaille. L'année d'avant, nous étions voisins de table et assez bons camarades. Cette année, il est devenu sauvage. Il ne fraie avec personne, il ne joue avec aucun d'entre nous, il me fuit comme tous les autres. Qu'est-ce que je lui ai fait ? Je lui tends la main.

— Bonjour, Tennenbaum. (Il ne me répond pas et me regarde fixement.) Tu es bien Tennenbaum ?

— Non, je m'appelle Varlin.

— Mais l'an dernier... tu t'appelais bien Daniel Tennenbaum ?

— Je m'appelle Varlin.

Madame Grisard est arrivée derrière moi, elle me met la main sur l'épaule.

— Qu'est-ce qui se passe ?

— Madame, c'est Tennenbaum...

— Il n'y a pas de Tennenbaum dans la classe.

— Mais...

— C'est Varlin. Denis Varlin. Tu auras confondu avec je ne sais qui.

Pour être confondu, je le suis. Mais pas au point d'être convaincu. Je ne suis pas fou, quand même...

Quoi qu'il en soit, le faux Tennenbaum ou le prétendu Varlin quitte la classe avant la fin du premier trimestre. Et personne ne semble s'en émouvoir. Ou même s'en apercevoir.

Croit-on qu'alors les Juifs parlent en public de leur malheur ? Où en parleraient-ils ? Et avec qui ? Qu'en savent-ils exactement et qui leur prêterait l'oreille ? On a peine en ces temps de paix, de mondialisation et de médiatisation à imaginer l'efficacité du cloisonnement de la planète, de la censure et de la désinformation en cette période de guerre et de régression de la communication. Il existe d'immenses zones d'événements parfaitement inaccessibles, des *terrae incognitae* de l'actualité. L'étendue de ce qu'on ne sait pas ne cesse de s'accroître. L'immense majorité des Français n'ont d'autres sources d'information qu'une presse et une radio aux ordres, qui ne leur sont pas seulement suspectes mais de plus en plus odieuses. Elles n'en sont pas moins lues et écoutées puisque rien d'autre n'existe. On se tromperait en sous-estimant le pouvoir de l'énorme machine qui martèle incessamment les thèmes de la propagande officielle et occulte totalement ce que l'on découvrira par la suite. Quant aux sujets délicats, dans un climat de défiance et de peur universelles où il est aussi difficile de savoir ce que pense vraiment son voisin qu'imprudent de lui dire ce qu'on pense vraiment, on ne les aborde qu'à voix basse et entre intimes.

On ignore tout des noms de la terreur. Aucun organe de presse, aucun organisme officiel ne diffusent les horaires ni ne révèlent la destination de la ligne de chemin de fer Drancy-Compiègne-Buchenwald ou Auschwitz. On arrête, on torture, on tue. Avenue Foch. Avenue Henri-Martin. Rue de la Pompe. Rue Lauriston. Rue des Saussaies. Les cris des suppliciés ne franchissent pas les murs.

Nous vivons dans un quartier bourgeois. Nous étudions dans un lycée bourgeois. La grande rafle du Vél'd'Hiv date du 16 juillet. La nouvelle n'en est jamais parvenue à Sarrazeuil. Les arrestations opérées rue des Écouffes, rue de Turenne, rue de Belleville ou boulevard Barbès n'ont pas troublé la quiétude estivale de la place Saint-Sulpice, de la rue Notre-Dame-des-Champs ou de l'avenue de l'Observatoire. Encore moins feraient-elles le sujet des conversations de la rentrée à Montaigne.

Dora voit bien qu'elle n'a plus la cote. Elle est trop maligne pour disputer une place qu'on s'apprête à lui contester. Elle disparaît donc, « pour de bon », au moment où les feuilles tombent. Lestée d'un mince bagage, Marguerite Teille entre sur la pointe des pieds dans la maison du Maître, comme elle l'appelle dans ses lettres, telle une petite souris rougissante de dessin animé, crétinisée par le désir éperdu de bien faire. Depuis trois ans, elle l'entourait et le bassinait de sa ferveur fatigante et sotte, elle ne rêvait que de s'asseoir « à l'ombre de sa voix » pour y boire ses paroles. Tout de suite, elle prend la pose de la servante du Seigneur, agenouillée dans le bas du vitrail, tantôt la tête basse, les mains jointes, la mine soumise, confite en dévotion, tantôt les bras écartés, les paumes et le cœur percés de rayons, pâmée, en extase.

Il adore parler. Comme ça tombe bien, elle adore l'entendre. Il s'écoute, elle l'écoute. Son Panthéon a pour dieux Hugo, Péguy, Alain, Valéry, Proust, Céline, Jaurès et Léon Blum. Admirable coïncidence, elle ne met rien au-dessus de Blum, Jaurès, Céline, Proust, Valéry, Alain, Péguy et naturellement Hugo. Il est socialiste, elle aussi, tendance pacifiste, c'est sa nuance préférée, courant Déat-Château, elle y adhère d'office, option collaborationniste, c'est justement la sienne. Il aime le thé, le lait d'abord, seulement un nuage, un seul sucre merci, elle apprend à faire le thé, à servir le thé, à aimer le thé, à aimer le regarder boire son thé. La maison va à vau-l'eau, les enfants sont livrés à eux-mêmes, sans plus personne pour s'occuper de leurs habits, de leurs repas, de leurs études. Elle se retrouve rose d'émotion sous la lampe, une aiguille à la main, à la queue des casseroles pour préparer le dîner, les lunettes sur le nez pour surveiller nos devoirs. Il souhaite une compagne économe, on ne fait pas plus limousine.

S'il le lui demandait, elle se ferait *illico* teindre en blonde, mais puisqu'il ne lui demande rien, elle reste rousse, avec des taches de son un peu partout. Au bout de quelques semaines de cohabitation, elle écrit déjà – je veux dire elle forme les lettres – comme lui. Il me préfère. Elle me favorise. Elle adopte ses tics de langage, ses expressions, ses mots, et même les miens. Elle pousse le mimétisme à l'extrême, jusqu'à s'appeler Marguerite, comme *l'autre*.

Le Maître a apprécié à sa juste valeur que dès le soir de son arrivée elle se soit donnée à lui, en toute confiance. Il la prend en passant, distraitement. Elle dit : « Merci » et « Encore ». Elle bredouille : « Tu m'aimes un peu quand même ? » Lui : « Qu'est-ce que tu viens de dire ? » Elle soupire : « Rien. » Il la reprend : « Tu sais pourtant que je ne supporte pas ça. Tu n'as donc pas lu *Les Jeunes Filles* ? » Elle baisse la tête, penaude. Il se radoucit, prend le livre sur les rayonnages, lui en lit quelques passages bien sentis : « Il faut garder un minimum de tenue, sous l'uniforme comme dans l'expression de ses sentiments. L'amour, l'Hamour, c'est bon pour les concierges, les midinettes et les boniches. » Elle trouve le courage d'objecter. « Mais Tristan et Iseult ? » « Justement. Rappelle-toi l'épée entre eux. Quelle leçon ! »

La malheureuse fait complètement fausse route. Pour dire les choses comme elles sont, elle n'était pas là depuis un mois qu'elle l'ennuyait, démesurément. Pour lui, le cadre des grands principes, simple et de bon goût, étant défini une fois pour toutes ainsi : l'homme a tous les droits, la femme aucun, l'homme lit les livres, la femme coupe les pages, dans la pratique les choses sont sensiblement différentes. Il ne connaît que deux types de rapports avec les créatures du sexe. Quand il n'est pas un maître indifférent et blasé, un pacha acceptant distraitement qu'on le serve à genoux, il est un chien qui tire la langue. Dora n'avait pas claqué la porte derrière elle et tourné le coin de la rue qu'elle avait repris, avec l'attrait du fruit défendu, tout son empire. Fine mouche, elle a savamment gradué son retour sur la scène. Elle a d'abord téléphoné pour avoir des nouvelles des enfants, puis elle les a invités à manger des gâteaux, enfin elle leur a téléphoné pour avoir des nouvelles de leur père, elle est tombée sur lui et elle lui a demandé s'il était content de sa nouvelle bonne. Il n'a pas pu s'empêcher de rire. Elle s'est mise à rôder dans le quartier comme une louve, laissant partout sa trace. Un jour enfin que, bras dessus bras dessous avec Marguerite Teille, il remonte tristement la rue Bréa, Dora marche à quelques pas devant lui. Elle va fringante et déhanchée, son petit sac à main et à fouillis en bandoulière, la démarche élastique et dansante, et ses semelles à talons compensés font gaiement clap clap sur la chaussée sonore. Il en perd la tête, et tout recommence comme avant, si ce n'est que la présence de Marguerite, qui lui pesait, le gêne.

Une querelle opportune agite quelques jours le microcosme parisien. René Château a apporté en dot au Rassemblement national populaire de Déat – ce parti de masse qui a tant de mal à sortir de l'état groupusculaire – les quelques centaines d'adhérents de son Comité France-Europe, intellectuels et syndicalistes de gauche issus des minorités pacifistes du parti radical-socialiste et de la SFIO. Il était prévu que la direction du RNP et la rédaction en chef de *La France socialiste* seraient réparties à cinquante-cinquante entre les amis de Déat et les amis de Château. La balance penche en fait du côté du premier, d'autant que les soutiens allemands du parti et les commanditaires allemands du journal s'accordent avec les partisans de Déat pour juger hors de propos, puis exaspérantes, puis intolérables les constantes protestations d'attachement de Château et des siens aux formes périmées de la démocratie et à la vieille trilogie républicaine « Liberté, Égalité, Fraternité », nostalgies bien mal venues en un temps où la France nouvelle doit s'engager franchement aux côtés de l'Allemagne national-socialiste sur la voie de la collaboration et de la révolution, où il est urgent de se choisir et de suivre un chef.

Château brutalement débarqué par les éléments les plus musclés du RNP, Jamet, en tant que son ami, quitte également le journal, donc son feuilleton littéraire, une tribune à laquelle, en dépit des contraintes qu'il avait acceptées, il avait donné un maximum de respectabilité, et même de crédibilité.

On lui propose aussitôt de prendre la chronique théâtrale dans *Notre combat*, hebdomadaire socialiste agréé par les autorités compétentes. Entre autres avantages, il y voit celui d'avoir désormais une bonne raison de sortir à son gré, le plus souvent sans Marguerite Teille. On ne peut pas laisser les enfants seuls tous les soirs.

Au point où il en est, il décide d'avoir avec cette compagne sans statut clairement défini une explication complète, base d'un nouveau contrat, équitable et loyal. À l'annonce de cette conférence au sommet, elle ouvre de grands yeux bovins, confiants, honnêtes, soumis et d'avance vaincus. Entrée à son tour dans le système des petits carnets, elle sait déjà à quoi s'en tenir.

Il respire un grand coup, il lui suggère d'en faire autant, il sait que ça va faire mal. Quand elle constate qu'il cite à la barre Platon, Pascal, Montaigne et Freud, elle comprend que c'est du sérieux.

Voilà, dit-il en substance : l'homme n'est ni ange ni bête, ce qui revient à dire qu'il est mi-ange mi-bête. Il découle de cette contradiction ontologique – sauf à avoir trouvé sa moitié d'orange (mi-or mi-ange), ce qui était le cas avec l'autre Marguerite – que ce dieu tombé qui se souvient des cieux doit obéir à sa double nature, en ce qu'elle a de transcendant et de misérable. À la lumière d'une expérience philosophiquement probante et personnellement enrichissante, force lui est de constater que tout ce qui est en lui instinct, désir, Éros, la part de la sexualité, de la bestialité, cette partie basse de lui-même pour laquelle il ne nourrit aucune estime, le pousse irrésistiblement vers cette Dora dont le moins qu'il puisse dire est qu'il ne pense aucun bien. À l'inverse, au seul niveau qui importe, celui de la psyché, il n'y a en lui que considération morale et attirance spirituelle pour la qualité, on peut même dire la beauté de l'âme de Marguerite Teille. Il faut tirer les conséquences de ces prémisses et procéder à ce qu'il appelle le partage de minuit.

L'une – Dora – n'aura droit qu'à ces étreintes sans signification, à ces rapprochements fugaces de deux corps et de deux désirs, ou de deux fantaisies, qui n'appellent pas plus de commentaires qu'ils ne laissent de traces. À l'autre en revanche, à Marguerite, les conversations sous la lampe, l'irremplaçable complicité intellectuelle, la préparation de l'appareil bibliographique et de l'index du recueil de critiques *Images de la littérature*, dont il prépare la sortie, l'association quotidienne à l'élaboration de l'œuvre en progrès, la place incontestée, unique, au foyer, au bureau et dans le cœur du Maître. Pas question de salaire à un niveau d'exigence aussi élevé. Plus question non plus de faire lit commun. Pour que l'union de leurs deux esprits soit véritablement parfaite, il faut accepter ce sacrifice, comme les aérostiers jettent du lest pour reprendre de la hauteur. « *Nous nous enlisions dans la médiocrité.* » Autre avantage du nouveau cours : plus besoin de recourir à ces précautions, à ces mensonges avilissants pour l'un comme pour l'autre qui résultent des situations de compromis. L'amour authentique se purifie d'être séparé de ce qu'on ose appeler l'amour, et qui nous est commun avec les singes, les lapins et les mouches. C'est seulement lorsque Abélard a été amené à renoncer aux vains plaisirs et aux illusions de la chair qu'ont commencé ses amours légendaires avec Héloïse. Pauvre Dora, sacrifiée sur l'autel de la concupiscence, livrée le ventre nu, telle une Montespan, aux messes noires de la Bête. L'heureuse Marguerite a décidément la meilleure part.

Au fait, qu'en pense-t-elle ? Mon Dieu... Elle en reste sans voix. Marché conclu, donc. Sur des bases désormais assainies, il estime n'avoir plus à se gêner. Quand il rentre, de plus en plus tard, il la trouve qui l'attend sous la lampe. Des larmes silencieuses coulent sur ses joues. À l'occasion, il fait un peu la bête avec elle, par dérogation et par pitié.

Passé l'inévitable période de rodage, n'y aurait-il pas lieu d'affiner les conditions d'un partage qui fonctionne à la satisfaction des parties intéressées ? Dorénavant, il passera avec Dora le week-end entier et seulement quelques soirées par semaine. Mais pour l'amour du ciel, que Marguerite arrête de pleurnicher. Rien n'est laid comme une femme qui pleure. Elle ravale ses sanglots. « Allons, c'est bien. » Une tape sur l'épaule, un baiser sur la joue. « Mais qu'est-ce que tu fais ? » « Je sors, j'ai besoin de calme pour mon article. » Du balcon, elle lui fait au revoir de la main. Quand il rentre quatre heures plus tard, il a du rouge à lèvres sur son col de chemise et, allez savoir pourquoi, elle se remet à pleurer, contrairement aux conventions en vigueur.

Ça ne peut pas durer.

Dora : le retour

Et de fait, ça passe tout juste l'hiver. Épuisés la satisfaction de la conquête et le charme passager de la nouveauté, de la pauvre Marguerite n'émanent plus guère que l'odeur banale du brouet domestique et les fades fumets d'une simili-conjugalité. Sous le nom doré de Dora, l'aventure est au coin de la rue, embaumée de tous les parfums d'Arabie. C'est la lutte inégale du pot de fer et du pot-au-feu. L'issue est prévisible.

Dora ne saurait se satisfaire indéfiniment, ayant vaincu sans péril, et triomphé sans gloire, de lauriers si aisément coupés. Aux terrasses de Montparnasse où elle trône oisive, désirable et disponible, elle s'amuse un temps, à peine assise, de voir « Claude » arriver au galop et lui suggérer aussitôt d'aller « ailleurs ». Les établissements accueillants ne manquent pas, rue Vavin, rue Bréa, rue Delambre, rue Sainte-Beuve, rue Jules-Chaplin. Et après ? Elle aspire à la revanche complète que justifient à ses yeux l'humiliation subie et sa situation – intéressante.

Environ le septième mois de sa grossesse, dont elle tire depuis longtemps argument – les souffrances qu'elle endure, à l'en croire, sont indicibles, elle n'est pas faite pour être mère, elle n'en a pas la vocation, elle n'en a pas la morphologie, elle n'a pas le bassin limousin (elle est auvergnate) –, Dora décide de frapper le coup décisif. Prétendant ressentir les premières douleurs, elle se fait transporter d'urgence, en ambulance, à la clinique. On l'y examine, on la rassure, on lui conseille cependant prudence et repos. Où désire-t-elle qu'on la ramène ? « Mais chez moi, rue Vavin. »

Suffoquée de tant de culot, Marguerite Teille abandonne sans combat les positions stratégiques – la chambre, le lit – qu'elle occupait sans conviction, et s'empresse au chevet de Dora. Elle dormira sur un divan, seule. Après trois jours de ce régime, elle s'avise que c'est plus qu'elle n'en peut supporter. Elle décampe pour elle ne sait où, la tête basse et le cœur gros. Le cœur, et le ventre. Car elle aussi attend un enfant.

Dora, du coup, se porte mieux. Elle n'a de caprices que ceux qu'autorisent son état, sa fragilité et le désir de mesurer jusqu'où va son pouvoir. Elle a tout juste la force de se plaindre. Elle est dolente avec grâce et, satisfaite d'avoir retrouvé son panier, elle ronronne les yeux mi-clos, les griffes à demi sorties. Début mai, un petit frère nous tombe du ciel. Jamais accouchement, affirme l'heureuse primipare, ne fut accompagné de telles douleurs. Jamais non plus le fruit n'en fut plus miraculeux. Gilles sera intelligent comme son père, dont il a la grosse tête ronde, fin et sensible comme sa mère dont il a en effet l'instabilité et les nerfs à fleur de peau. Il est entendu que ce petit bébé qui pleure jour et nuit et a bien du mal à prospérer est désormais le centre du monde. La famille nombreuse et la famille monoparentale coexistent comme elles peuvent. Si notre père est maintenant à la tête de cinq enfants, Dora, pour sa part, entend bien n'en avoir qu'un. Tout le lait, tout le sucre, tout ce qui peut entrer dans la maison de beurre, de farines, de confitures en échange de nos tickets est affecté en priorité à Gilles et à ses parents qui ne doivent manquer de rien.

Jean et Alain sont récompensés des efforts qu'ils déploient pour bercer, endormir et faire manger leur petit frère : ils ont le droit de finir les casseroles de Blédine. Dora, en revanche, ne me veut pas de bien. Son caractère et le mien ne s'accordent pas. Elle est bavarde, primesautière, rieuse. Je suis silencieux – elle dit « renfermé » –, toujours dans les livres – elle dit « pédant » –, replié sur moi-même – elle dit « dissimulé ». Elle ne se gêne pas pour me faire habituellement grief de ce qu'elle ne reproche à mon père que dans les moments de crise. Déjà, lors de son premier passage aux affaires, elle se montrait parfois jalouse de la préférence dont j'étais l'objet ; elle affecte maintenant de la juger insupportable par pur esprit de justice. C'est que, semblable aux émigrés rentrés en 1815 sans avoir rien appris ni rien oublié, elle a la Restauration vindicative. Compromis avec le régime déchu, je ne me cache pas assez, seul dans cette maison, de regretter le départ de Marguerite Teille qui, retournant contre l'adversaire ses propres armes, reste en correspondance avec moi et m'utilise pour faire passer à leur destinataire ses pauvres messages, pleins de larmes, de regrets, de protestations d'amour, de serments d'allégeance et d'appels au secours. Dora ne me le pardonne pas.

Elle ne se contente pas de cultiver mes frères. Elle cherche à les monter contre moi : ce n'est pas bien difficile. D'autant que, partagé entre le refus d'une complicité tacite avec un délit que je réprouve et la crainte des conséquences d'une dénonciation, jugeant que l'omerta fraternelle a ses limites, mais répugnant instinctivement au rôle odieux du délateur civique, et sachant parfaitement les risques de représailles physiques qu'il comporte et la réprobation morale qu'il encourt – je n'ai pas pour rien lu *Mateo Falcone* –, je finis après des jours de débats et de tourments intérieurs par me délivrer de ce que j'appelle « un gros, un terrible secret ». Mes aînés ont pris la fâcheuse habitude de se servir dans le porte-monnaie de Dora et les poches de mon père. Aucune réaction significative des autorités compétentes ni aucune sanction ne suivent ma méritoire dénonciation. En revanche, l'informateur ne bénéficie pas de la protection à laquelle il aurait normalement droit. Dora se fait un plaisir de révéler aux intéressés qu'il y a une « balance » parmi eux. Outre quelques raclées et une spectaculaire mise en quarantaine, j'y dois d'être comparé à Ganelon, à Tartuffe – histoire de me démontrer que je ne suis pas le seul à avoir des lettres – et de préférence à Uriah Heap. Mes engelures persistantes m'ont donné l'habitude de me frotter continuellement et machinalement les mains à l'instar de cet abominable personnage de *David Copperfield*, le type romanesque le plus achevé de l'hypocrite.

Le printemps est revenu, si doux, sur Paris. Paris humilié, Paris outragé, Paris martyrisé, sans doute, et pour tout dire Paris occupé, Paris sans nourriture et Paris sans lumières, mais Paris sans voitures, Paris sans encombrements, Paris sans pollution, Paris sans accidents, Paris sans feux de signalisation, Paris sans bruit, Paris rajeuni par le nettoyage de ses artères que ne menace plus la thrombose, Paris, sous la voilette de suie et la croûte de calcin de ses façades noires, révèle son plus beau, son plus vrai visage, la perspective élargie de ses avenues alanguies par le beau temps et vidées par la guerre, rendues à la vérité de leurs proportions, l'alignement de ses palais, de ses maisons, la courbe de ses rues qui ont retrouvé la pureté de leurs lignes. À de rares intervalles passent un camion camouflé de vert et de brun, une traction avant noire qui file à vive allure. Un fardier tiré par un cheval étique, chargé d'énormes pains de glace, tourne difficilement le coin de la rue Vavin et de la rue d'Assas. Les roues caoutchoutées d'un fiacre, les pneus d'un vélo-taxi glissent sur les pavés de bois du boulevard Raspail.

Nous allons quelquefois au Guignol du Luxembourg. Cendrillon, le Petit-Poucet, les gendarmes et Guignol lui-même s'y déplacent de gauche à droite, de droite à gauche, et plus difficilement d'avant en arrière, dans des décors tropicaux violemment éclairés où les bandits et les crocodiles se dissimulent au milieu d'une végétation luxuriante. On est presque surpris que le maréchal Pétain, dont Guignol invoque respectueusement le nom, n'apparaisse pas aux côtés des personnages de fiction. Mais c'est un endroit hors du temps. Il y fait chaud. En sortant, nous faisons un tour du côté des balançoires, des chevaux de bois et des autos à pédales. Des enfants attrapent des anneaux à la quintaine. D'autres, accompagnés de leurs parents ou de leur bonne, lancent des voiliers sur le bassin. Nous trouvons notre bonheur à les regarder.

Je trace dans le sable et la poussière du jardin des chemins où faire circuler mes petites voitures et mes régiments en déplacement. J'aime surtout à jouer tout seul dans le caniveau en bas de la rue Guynemer. L'eau très claire qui coule entre le trottoir et la partie déclive de la chaussée y dépose les alluvions d'un limon incroyablement fin qui forment des petits bancs de sable entre lesquels se creusent des chenaux où le courant est plus fort. En obstruant ces chenaux avec un mélange de brindilles, de sable et de matériaux de rencontre, je construis des barrages grandioses derrière lesquels s'accumulent d'énormes quantités d'eau sur laquelle voguent mes esquifs de papier jusqu'à ce que la masse liquide emporte mes obstacles artificiels ou que je lui ouvre moi-même un canal d'écoulement. Je passe là des heures. Les soldats allemands qui vont et viennent autour du Sénat s'intéressent parfois à mes travaux et ne me marchandent pas leur approbation. Ils s'éloignent en riant, le poignard qu'ils portent au côté bat à la cadence de leur marche.

L'armée d'occupation découpe et rythme le temps à sa guise. Le matin, une section, précédée d'une musique, descend triomphalement la rue Guynemer et tourne dans la rue de Vaugirard. En fin d'après-midi, les mêmes ou d'autres longent de nouveau les grilles du Luxembourg, en sens inverse, et s'engouffrent à l'intérieur du lycée Montaigne. Je ne serais pas un enfant si je n'aimais pas les soldats, qu'ils soient en plomb et de taille réduite ou en chair, en os et grandeur nature.

Je ne fais pas le moindre rapprochement entre les musiciens raffinés en uniforme vert qui jouent du Beethoven et du Mozart dans les jardins du Carrousel ou sous les ombrages du Luxembourg et les restrictions de toutes sortes, ou les tumultes lointains de la guerre telle que nous la montrent les actualités et surtout telle qu'elles ne nous la montrent pas. La leçon d'histoire contemporaine que j'ai apprise depuis n'est pas encore au programme. Dans deux ans seulement on m'enseignera que les soudards qui souillaient de leur présence le sol sacré de la patrie, corrects ou pas, galants ou pas, francophiles, francophones ou pas, étaient le bras armé d'un système de persécution, d'oppression et d'extermination, plus tard que certains de ces hommes, ou la plupart de ces hommes, voire tous ces hommes, déshonoraient leur pays, leur uniforme et la guerre elle-même. Ce n'est pas à la radio, dans *Le Cri du peuple* ou *Paris-Soir*, au lycée, dans les campagnes où l'on n'a pas eu l'occasion d'en apercevoir la queue d'un qu'on entendrait ou qu'on lirait ce genre de choses.

Quotidiens, magazines et cinémas nous les montrent et nous les voyons amateurs d'art, de culture et de gastronomie, assidus aux expositions, aux spectacles et aux courses. Des touristes en uniforme. Dans leur tenue seyante, généralement en groupe, ils arpentent nos boulevards, se photographient devant nos monuments, s'extasient devant la *Vénus de Milo*, font le plus clair de la clientèle des grands cafés et des restaurants où leurs casquettes et leurs ceinturons de cuir fauve s'amoncellent sur les portemanteaux. Ils restent debout ou, s'il le faut, cèdent leur place dans le métro aux femmes, aux vieillards et aux anciens combattants. Les sentinelles exceptées, qui montent la garde, raides comme la justice, devant le Sénat et le lycée Montaigne (nous ne passons jamais devant les grands hôtels de la rue de Rivoli sur lesquels flotte le pavillon à croix gammée), tous ceux que je vois déambulent sans autres armes que le couteau-baïonnette des soldats ou la petite dague à manche d'argent suspendue à un cordonnet tressé qui pend, à hauteur de mollet, le long du pantalon vert gansé de rouge des officiers d'état-major. J'aime les longs rubans noirs qui flottent derrière le béret des hommes de la Kriegsmarine, les casquettes ornées d'aigles et de cocardes et les képis mous crânement inclinés sur l'œil des fantassins de la Wehrmacht. Mais les plus chic sont évidemment les aviateurs de la Luftwaffe, habillés sur mesure d'une élégante tenue d'un bleu tirant sur le violet.

Il ne me viendrait pas à l'esprit de voir dans ces hommes des « occupants ». Je n'ignore naturellement pas – il faudrait être né idiot, aveugle et sourd – que la France, vaincue en 1940, est coupée en deux, et que la zone où je vis, la zone nord, est occupée par l'armée allemande. Mais ça, c'est de l'histoire, de l'administration, de la politique, ce n'est pas la vie comme elle va. Aussi loin que je remonte, ces hommes, leurs uniformes, cette armée ont toujours fait partie du décor, ils sont incorporés au paysage, comme les masques à gaz, comme les sacs de sable qui protègent les statues et les bas-reliefs, comme les bandes de papier kraft collées en croisillon sur les vitres, comme les abris antiaériens, comme les sirènes, comme les coupures de courant, comme les cartes de pain, comme le bon vieux métro brimbalant vert et rouge – sauf sur la ligne nord-sud où les wagons sont gris et bleu, – comme le maréchal Pétain, comme le président Laval. Ils ne sont pas seulement la couleur du temps, ils sont l'ordre immuable du monde.

Et ce ne sont pas seulement les Allemands qui nous ont envahis. Leur langue, omniprésente, fait elle aussi partie de notre vie, où elle s'est agglomérée à tous ces mots qui vont, viennent, reviennent et font la trame de nos jours : Stalag, Oflag, Kommandantur, Luftwaffe, Kriegsmarine, Chleuhs, Fritz, Frisés, Frisous, Fridolins, zone occupée, zone nord, zone sud, zone libre, ligne de démarcation, *Ausweis* (prononcé *ausvèsse*), papiers, cartes d'alimentation, cartes de pain, points, tickets, restrictions, rationnement, ravitaillement, ersatz, rayonne, fibranne, dernier métro, couvre-feu, exode, front de l'Est, mur de l'Atlantique, marché noir, alertes, Milice, maquis... Gestapo (que la plupart des gens prononcent *Jestapo*). Le vocabulaire, comme dans les contes, a revêtu sa robe couleur du temps...

Dans le petit bourg de Saint-Amant

En avril 43, pour les vacances de Pâques, nous étions retournés à Sarrazeuil, plus exactement à Tron, chez madame Bernier, la sœur de la nourrice de Marie-Claude. Madame Brouchon, qui ne pouvait pas nous prendre tous les trois chez elle, avait ainsi l'œil sur nous. Cet été, nous n'allons pas en Poitou. Il a hésité jusqu'au dernier moment entre les deux termes de l'alternative : ou Sarrazeuil, sans Dora, ou Dora, mais pas à Sarrazeuil. Finalement, il choisit Dora, et de ne pas affronter sa conscience, je veux dire madame Brouchon. Un ancien ami du Quartier latin, l'excellent docteur Paumier, maintenant établi à Angoulême, se décarcasse et nous trouve non sans mal une location de vacances, une grande vieille bâtisse qui ne prétend pas à la modernité – eau à la pompe et WC dans le jardin –, à Saint-Amant-de-Boixe, un gros bourg de Charente paresseusement lové autour d'une vieille basilique romane. Saint-Amant se situe en ex-zone libre. Heureusement on peut circuler à peu près *librement* d'un bout à l'autre de la France à présent que celle-là est entièrement occupée.

Dora, qui, en dépit de la maternité, n'a toujours pas la vocation ménagère, et dont le petit Gillou continue de monopoliser le peu de temps où elle a du cœur, a posé pour condition qu'elle ne ferait pas la cuisine. Il est donc convenu qu'Eugène, le gargotier du village, préparera nos repas avec le ravitaillement que nous arriverons à nous procurer dans le pays. Il paraît qu'avant guerre on trouvait de tout en abondance dans la vallée de la Boixe. Les sauterelles sont passées par là. C'est au compte-gouttes, et contre une rémunération qui n'a rien de symbolique, que les paysans du coin condescendent à vendre quelques salades, quelques kilos de pommes de terre et des œufs. Parfois, nous ramenons triomphalement un lapin d'une expédition lointaine. Bref, nous crevons de faim, mais très gaiement, très cadets de Gascogne. Il fait beau et chaud. Il y a les baignades dans la Charente, à Montignac. Nous nous initions au ping-pong. Nous nous perfectionnons au poker, où nous jouons pour des haricots, mais en grandes quantités, à la terrasse d'Eugène, dont les guéridons et les tables rondes en fer, recouvertes d'une toile cirée à l'heure des repas, n'avaient jamais connu que les grands coups de poing, les jurons pacifiques et les cartes prestement retournées des adeptes de la manille coinchée. Dora et notre jeune oncle Olivier, que son frère aîné a pris sous son aile, organisent d'interminables tournois de tape-tape. C'est un jeu de mains assez envoûtant et passablement stupide. Les pieds joints, avec interdiction de bouger, il s'agit, en frappant du plat de la main une ou les deux paumes de l'adversaire, tenu lui aussi à l'immobilité, ou en se dérobant à son attaque, ou en feignant de l'attaquer, de lui faire perdre l'équilibre.

Dora est bien aimable à voir et ne répugne pas à être regardée. Dora croque des citrons verts qui lui font des dents éclatantes. Dora aime rire, qui lui donne l'occasion de montrer ses dents. Quand Dora est gaie comme un pinson, on oublie qu'elle a une tête de linotte. Dora est douce au toucher. Dora, lisse et pulpeuse, lutte sans mal contre l'embonpoint qui la gagnera quelques années plus tard. J'aime, comment ne pas aimer, quand, une jambe nerveuse posée sur un tabouret ou, hardiment, sur la table même, gardant sans effort une pose acrobatique, Dora, d'un crayon gras qui ne tremble pas, trace de mi-cuisse au talon la couture d'un bas imaginaire sur sa peau nue passée au brou de noix.

Bien que ses robes, ses maquillages et son allure les étonnent – mais l'étonnant serait que des Parisiens s'habillent et se conduisent comme tout le monde –, les bonnes gens de la Charente ont d'abord regardé d'un œil indulgent, voire attendri, ce jeune couple qui, tout encombré de sa smala d'enfants, dont un encore tout petit, donnait pourtant à tout venant le spectacle des irrépressibles débordements d'un désordre amoureux. C'est si rare ! Heureux amants de Saint-Amant ! Juillet passe comme un rêve.

Août, soudain, vire à l'orage. Sans cause apparente, l'humeur de Dora tourne. Les bourrasques, les tempêtes, les scènes, toutes fenêtres ouvertes, alternent avec les bonaces, les redoux, les retours. Ils usent leurs jours à jouer à je t'aime moi non plus, jeu encore plus stupide que le tape-tape, mais auquel on croirait qu'ils prennent plaisir.

Tantôt plus chatte que jamais elle se frotte impudique contre lui et, poussant le landau de Gilles, nous ralentissons le pas derrière eux pour ne pas gêner leur duo, tantôt elle nous plante là et part seule pour la baignade où, à l'en croire quand elle réapparaît, abondaient des jeunes gens aussi bronzés que galants – variante, elle flirte avec Olivier –, tantôt réconciliés ils s'attardent dans la nuit, tendrement enlacés sur la route blanche de lune et, poussant la voiture de Gilles, nous accélérons pour ne pas les déranger, tantôt elle entasse dans une valise la layette de Gilles, ses petites robes légères, et s'enquiert de l'heure du prochain train pour Paris, avec changement à Angoulême.

Le bruit de ces esclandres parvient aux oreilles de nos vénérables propriétaires qui, bien que plus qu'à moitié sourds, s'en émeuvent et appellent leurs jeunes locataires à un peu plus de retenue. La population nous regarde différemment. On a fini par remarquer que la jeune dame ne porte pas d'alliance, et qu'elle ne se tue pas au travail, et on n'aime pas beaucoup ça. Nos modestes frasques alimentent aussi la grogne locale. Las d'errer sur les chemins l'estomac dans les talons et de nous bourrer de prunelles et de mûres qui nous rendent malades plus qu'elles ne nous rassasient, nous sommes surpris à franchir en bande organisée le mur à moitié écroulé de la propriété privée pour chaparder des pommes, des prunes, des pêches. Il est question de garde-champêtre et de verbaliser. L'affaire est finalement étouffée et classée sans suite compte tenu qu'on nous sait recommandés par le docteur Paumier, d'Angoulême, et cautionnés par son ami le docteur Dufour, de Montignac.

Avec une corpulence et une verve à la Léon Daudet, le docteur Dufour est ardemment royaliste. Violent dans son discours, cordial et débonnaire dans sa pratique, ce gros homme est très aimé dans le canton. Il ne lui déplaît pas, dans l'occasion, de venir frotter ses idées maurrassiennes et son pétainisme germanophobe au socialisme munichois d'un intellectuel parisien. L'archiprêtre de Saint-Amant, homme d'ordre et maréchaliste inconditionnel, ne dédaigne pas non plus, lui troisième, de participer à ces joutes.

Un soir de la fin du mois d'août que le jour ne se décide pas à mourir, ces messieurs nous honorent de leur visite à la terrasse d'Eugène. Je joue à ramasser entre les tables, mêlées au gravier, enfoncées dans la terre, déjà confondues avec le sol, des capsules de bouteilles de soda et d'eau minérale, vestiges de temps meilleurs. Je les déterre, je les nettoie de leur gangue, je leur rends leurs couleurs, gris, vert, rouge, je les identifie, je les range en bataille par affinités. Autour et au-dessus de moi, le tintement des verres, le choc des couteaux, des fourchettes, des assiettes, le brouhaha des conversations comme un clapotis tranquille. Tout d'un coup, tels des cailloux dans l'eau noire, des éclats de voix crèvent le fond sonore. On s'interpelle de table à table : « Tu n'as pas honte de revenir te montrer ici ? Tu les aimes tant que ça, les Boches, que tu portes maintenant leur uniforme ? » C'est un volontaire de la LVF, en tenue, qui est ainsi pris à partie par quatre ou cinq jeunes gens de son âge. Comme eux, il est du village. Un ruban noir et blanc, sur sa tunique feldgrau, atteste de la glorieuse blessure qui lui a valu la permission qu'il est venu passer au pays. Un couple âgé l'accompagne : ses parents. Il ne répond pas, mais se lève tout pâle. L'algarade tournerait au vinaigre si le patron ne s'interposait et surtout si le prêtre, le médecin et le professeur parisien ne calmaient le jeu avant de s'y mêler et de faire front commun avec le légionnaire, transformant une médiocre querelle personnelle en un débat historique, politique et planétaire. Eugène, rassuré par la tenue des échanges, y va de sa tournée. Les tables se rapprochent, les choix et les idées se confrontent. Nos nouveaux amis ne craignent pas de clamer leur haine du Boche, de ses complices et de ses serviteurs. Ils stigmatisent la politique de Laval, ces finasseries, ces rouleries, ces grandes annonces qui dégénèrent en échecs, en concessions nouvelles, en capitulations déshonorantes. La Relève, ce grand dessein, s'est avérée une duperie, un paravent qui masquait le STO, cette forme nouvelle de l'esclavage. Pétain... Pourquoi n'a-t-il pas démissionné après l'entrée des Allemands en zone libre ? D'ailleurs, il est gâteux, il n'a plus que deux heures de lucidité par jour. Les Allemands ne respectent ni les traités ni l'humanité ni rien. Les SS sont des bêtes humaines. La place d'un bon Français, aujourd'hui, est dans le maquis.

Le légionnaire reconnaît bien là l'état d'esprit des petits-bourgeois français qui, abusés par la propagande de Londres et de Washington, préparent chez nous le lit du bolchevisme. Il décrit, pour l'avoir vue de près, l'Armée rouge, ce ramassis de Tartares, de Mongols et autres Asiates coupeurs de doigts et voleurs de montres, au demeurant tous enrôlés de force, et qui ne marchent que sous la menace des commissaires politiques qui suivent les troupes revolver au poing. Il abonde en anecdotes terrifiantes sur la cruauté des partisans, ces combattants sans uniforme qui frappent dans le dos les troupes régulières.

— Mais ils sont chez eux, qu'est-ce que vous êtes venus y faire ? rétorque l'un de ses interlocuteurs.

— Nous sommes venus défendre l'Europe contre la menace bolchevique et personne ne nous en sait gré. Vous imaginez la guerre perdue par l'homme blanc, s'indigne le défenseur de la civilisation, le bolchevisme installé chez nous, les Mongols et les Nègres régnant en maîtres, pillant vos biens, violant vos femmes ? C'est ça que vous voulez, eh bien vous l'aurez. Après ça ne venez pas dire que vous n'étiez pas prévenus. Relisez *Mein Kampf*, tout y est.

L'hypothèse d'un déferlement kalmouk sur la Charente ne semble pas impressionner Saint-Amant-de-Boixe.

— Tu peux bien dire ce que tu veux, les Russes, si ça se trouve, ils sont plus aryens que Goebbels, toi et moi, rigole l'un des dîneurs. Et puis c'est quand même pas eux qui ont commencé.

C'est la première fois que je vois de près un soldat allemand français. Il m'impressionne. Mais il est plus convaincu que convaincant ; il ne saurait échapper à personne que nous n'avons pas là un as de la dialectique. Le docteur et le prêtre, pour leur part, ne prennent pas bille en tête le parti des Allemands et restent silencieux sur Laval. En revanche, ils défendent et expliquent le Maréchal, son patriotisme et son habileté, démontent les ressorts bien cachés du double jeu, laissent entendre que, le jour venu, on pourrait bien avoir des surprises : rappelez-vous Darlan, après le 8 novembre.

Évidemment, ça ne faisait pas l'affaire des communistes. C'est pour ça qu'ils l'ont assassiné. Il faut bien convenir aussi que les Anglo-Saxons ne font rien pour faciliter un rapprochement avec la France. De Mers el-Kébir à Dakar et de la guerre du Levant au débarquement en Afrique du Nord, ils n'ont jamais cherché qu'à l'affaiblir en envoyant sa flotte par le fond et en mettant la main sur son empire. Drôles d'Alliés, qui n'hésitent pas d'autre part à pactiser avec l'ennemi mortel de l'Occident. Et de dénoncer les horreurs du communisme, l'atroce guerre civile, l'élimination de l'aristocratie et des classes moyennes, l'extermination des koulaks, les crimes de la Tchéka, les tueries de Katyn...

Mais voici que la voix de mon père s'élève, chaude, dans la douceur de la nuit étoilée. Au mieux de sa forme, il fait appel à toutes les ressources que lui offrent l'histoire, la géopolitique, l'humanisme et la casuistique pour peindre une fresque à la hauteur de l'époque et des enjeux, immense, cohérente avec la réalité et avec ses propres choix.

Il pose d'abord, en fond de tableau, 14-18, la grande saignée, l'affreuse et stupide boucherie, un million et demi de morts, quatre millions de blessés et mutilés rien que pour la France, vingt millions de morts européens, des jeunes hommes comme vous comme moi, il y a seulement vingt-cinq ans, une telle horreur que tous ceux qui l'avaient connue et avaient eu la chance d'y survivre étaient unanimes : « Plus jamais ça, guerre à la guerre ! »

Il condamne l'improvisation, les lacunes, les absurdités, l'injustice, l'arbitraire des traités inégaux de Versailles, de Sèvres, de Saint-Germain, de

Trianon, l'arrogance des vainqueurs, des nantis, appuyés sur leurs empires coloniaux, leur monnaie forte, leur tas d'or, la frustration des vaincus, des pauvres, des humiliés, privés d'espace vital, déstabilisés par le chômage et la crise.

Il évoque les admirables et vains efforts de Briand, de Stresemann, de la SDN, pour exorciser les canons et les mitrailleuses, pour rétablir l'égalité, l'amitié, la paix entre les peuples, et d'abord pour instituer la concorde entre les deux grands peuples belliqueux et dangereux, le français et l'allemand, le plan Dawes-Young, le pacte Briand-Kellogg, Locarno, Stresa...

Il rappelle, après la prise de pouvoir de Hitler, au moment de la montée des périls, l'inlassable volonté de Laval, « ce même Laval que vous accusez aujourd'hui d'être proallemand, déjà incompris, déjà soucieux des seuls intérêts de la France, fût-ce au prix de l'impopularité, et résolu à enfermer le IIIe Reich dans un cercle de fer en doublant le pacte franco-italien d'un pacte franco-soviétique. Est-ce la faute de Laval si Mussolini, las d'être rebuté par les démocraties, s'est rapproché de Hitler ? Est-ce la faute de Laval si Staline, fatigué lui aussi de faire antichambre à Londres et à Paris, a joué la carte du nationalisme grand-russe et renoué avec le cynisme politique du temps des tsars et des Lumières pour poser sa patte sur les États baltes, amputer la Finlande et participer au dépeçage de la Pologne et de la Roumanie ?

« La guerre, la guerre criminelle, insensée, la guerre impie, la guerre perdue d'avance, et perdue pour tout le monde, des hommes courageux et lucides, tantôt soutenus, tantôt abandonnés par l'opinion, ont essayé de nous l'éviter, avant Munich, à Munich, et même après Munich. Possédés par des instincts obscurs, obéissant aux intérêts de la ploutocratie ou aux consignes de Moscou, les bellicistes ont voulu la guerre. Nous l'avons faite. Nous l'avons perdue.

« Aujourd'hui, l'Allemagne, l'Italie, le Japon et leurs alliés, l'URSS, les États-Unis, l'Angleterre, ses dominions, ses colonies sont engagés dans une lutte sanglante, une lutte à mort où s'engloutissent et se consument toutes leurs ressources industrielles, financières et humaines. C'est un nouveau désastre, pire que le précédent. Nous en sommes préservés, nous sommes hors du coup, grâce à l'armistice. Diminuée, douloureuse, impuissante, la France est un havre de paix dans un monde en guerre.

« Il y en a qui disent qu'il faut reprendre la lutte, qu'il faut remettre ça. Mais si nous avons été vaincus, c'est que nous étions déjà les moins forts. Or, le rapport des forces nous est infiniment moins favorable qu'en 1939. L'armée française n'existe plus, on l'a bien vu en Syrie et en Afrique du Nord. Nous avons un million et demi de prisonniers, soit autant d'otages, entre les mains des Allemands. La totalité de notre territoire est occupée, et solidement tenue, par une armée qui a su démontrer et démontre encore sur tous les fronts sa discipline, sa détermination et sa puissance. Ceux qui, de Moscou, de Londres ou d'Alger, bien à l'abri et bien au chaud, loin des réalités et loin du risque, appellent la France à rentrer dans la guerre sans armée et sans armes, sans moyens, sans la moindre chance, sont des bellicistes impénitents, des provocateurs payés ou des criminels irresponsables. Il n'y a pas de commune mesure entre les petits malheurs qui découlent de l'Occupation et le grand malheur, la guerre. Quant à ceux qui battent des mains comme au cirque lorsque des bombes anglo-américaines détruisent nos villes, nos ports, nos usines, nos cathédrales et tuent des civils innocents, imbéciles serait un mot faible pour les qualifier.

— Tu ne trouves pas qu'il est tard ? intervient Dora qui bâille depuis un moment. Les enfants dorment debout. Je vais rentrer les coucher.

Il toise sans aménité l'importune.

— Oui, c'est ça ma chérie, je comprends que tu t'ennuies. Il ne s'agit que de l'avenir du monde. Il enchaîne aussitôt :

« C'est facile de critiquer Pétain et Laval, c'est facile de prodiguer en paroles ce sang français que Pétain qui a conduit la guerre, que Laval qui a connu et toujours combattu la guerre, que Déat qui a fait la guerre en héros s'efforcent de ménager. Il n'y a pas de plus grand désastre pour un pays que la disparition de sa jeunesse. Nous avons connu ce désastre il y a un quart de siècle. Nous l'avons évité de justesse jusqu'ici. Un pays n'est pas une abstraction, un pays n'est pas un nom, un pays est une réalité charnelle qu'on n'emporte pas à la semelle de ses souliers, une communauté faite d'hommes, de femmes et d'enfants qu'on n'a pas le droit de sacrifier à une vaine gloriole, à une idéologie, quelle qu'elle soit. Un pays, ce n'est pas la terre et les morts, c'est la terre et les vivants. Qu'est-ce que la France s'il n'y a plus de Français ?

« La France doit rester neutre ; ce n'est pas une posture flatteuse, mais c'est la seule attitude raisonnable, dont nous recueillerons les bénéfices au jour de la paix. Si toutefois nous devions nous engager d'un côté, ce que je ne souhaite pas, c'est évidemment du côté allemand. L'intérêt de la France n'est ni dans la victoire de la Russie ni dans celle de l'Amérique qui soumettraient l'une comme l'autre notre Vieux Continent à une hégémonie plus ou moins dure, mais extra-européenne. L'Allemagne est forte de son unité, de sa démographie, de sa capacité industrielle et militaire. Nos deux pays sont complémentaires. Leur réconciliation sera la base d'une Europe stable et enfin apaisée. La France apportera dans la corbeille son espace, sa culture, sa civilisation. La collaboration est une nécessité alimentaire, militaire, économique, mais aussi une chance politique et historique que nous devons saisir. Hitler et la guerre ne sont pas éternels ; de son vivant ou après lui, le retour de la paix humanisera l'hitlérisme. L'habileté et la loyauté, comme il arrive, vont dans le même sens. Les Français n'ont pas voulu de la Relève, cette idée généreuse, magnifique, ils ont eu le Service du travail obligatoire. Beau résultat ! Puisque nous sommes entre les mains de ces messieurs, puisqu'ils peuvent tout, autant accepter de bonne grâce ce qu'ils sont en situation de nous imposer, autant aller au-devant d'exigences que nous ne sommes pas en état de refuser, et qui seront d'autant moins contraignantes que la confiance s'installera entre les deux partenaires. Seuls ceux qui auront apporté leur pierre à la construction de l'Europe nouvelle y trouveront leur place.

Profitant d'une pose de l'orateur, un des jeunes Charentais objecte :

— Quand même, à Stalingrad, ils ont pris la pâtée. On ne peut pas dire que ça aille bien pour eux ces derniers temps...

— Et l'armée soviétique, vous croyez qu'elle n'a pas souffert autant et plus que ses adversaires ? Admettons même, pour vous faire plaisir, que l'Allemagne ne gagne pas la guerre ; il est impossible qu'elle la perde. Les stratèges de salon, les mirliflores de Londres – ce sont les mêmes, la même caste qui nous a conduits à la déroute en 40 – qui tablent sur la défaite de l'Axe ont déjà tout oublié : la Pologne rayée de la carte en trois semaines, l'armée française, la première du monde, pulvérisée, anéantie, la piteuse équipée des Anglo-Canadiens à Dieppe, les foudroyantes percées de la Wehrmacht sur le front russe en 1941 et 1942, la dérisoire facilité avec laquelle les Allemands ont occupé le sud de la France, l'Italie, l'Albanie. Vous vous rappelez comme on riait de Hitler en 1939 – « le peintre en bâtiment », « le petit caporal ». Combien de fois a-t-il ridiculisé non seulement ses adversaires, mais son propre état-major ? C'est un stratège, un démiurge, un bâtisseur d'Empire. L'Allemagne prépare la campagne du printemps 44. L'Allemagne met au point des armes nouvelles dont nul ne peut imaginer la puissance. *(Sensation dans l'assistance.)* La formule « céder de l'espace pour gagner du temps » n'est pas une formule creuse. Lorsqu'un homme aussi prudent et aussi avisé que le président Laval est allé jusqu'à dire qu'il souhaitait la victoire de l'Allemagne, en acceptant d'être momentanément incompris, c'est évidemment qu'il croyait à la victoire de l'Allemagne, et qu'il avait de bonnes raisons pour cela.

« En attendant, ceux qui excitent les Français à se dresser les uns contre les autres, ceux qui font dérailler les trains ou tirent sur des soldats allemands isolés et désarmés sans souci ou plutôt avec l'espoir des représailles qui suivront, ceux qui assassinent d'une balle dans la nuque des intellectuels, des hommes politiques, des syndicalistes dont le seul crime est de ne pas penser comme eux, ceux qui opposent la mitraillette à la parole et le plastic aux idées, ceux-là sont les mauvais Français. Que veulent-ils ? Où nous mènent-ils ? Rien n'est pire que la guerre – nous avons payé pour le savoir, l'admettrons-nous enfin un jour ? – mais que gagne-t-on à y ajouter la guerre civile ? Il faut refuser cette prétendue fatalité... »

Dora et mes frères sont depuis longtemps partis se coucher. On m'a oublié, je me suis fait oublier sous ma table. Le camp adverse comme le camp ami sont déconcertés, déstabilisés, réduits au silence, médusés. Debout à l'entrée de son bistrot, Eugène, son torchon à moitié engagé dans un verre, écoute sans bouger. Les étoiles pâlissent dans le ciel. Un moment ébranlé, chacun retrouvera bientôt, sans doute, ses choix, ses convictions, son point de vue. L'étonnant, dans ce petit matin de la fin d'août 1943, est qu'on se sépare bons amis, en apparence, et qu'on en reste là. N'empêche, Saint-Amant, qui n'a pas l'habitude des meetings, nous regarde curieusement dans les jours qui suivent.

Nous ne comprenions rien aux humeurs de Dora. L'explication vient sous la forme d'un télégramme, le 12 septembre : « Josette bien arrivée. Trois kilos cinq cents. Mère et enfant se portent bien. Baisers. » Dora déboule comme une tornade brune dans la pièce où nous nous trouvons. Elle tient un papier bleu à la main et semble avoir de la peine à contenir sa joie. « Les enfants, vous avez une petite sœur ! On va faire la fête ! » Nous, bon public : « Oh oui ! Qui c'est ? Comment elle s'appelle ? » Nous comprenons qu'il y a maldonne lorsque Dora fait du télégramme une boulette, balaie de la table les bols et les casseroles du petit déjeuner et sort comme une furie. Atterrés, la tête rentrée dans les épaules, nous entendons à l'étage les roulements de tonnerre d'un tremblement de terre domestique dont les répliques à peine atténuées se prolongent jusqu'à la fin de notre séjour. Nous quittons sans esprit de retour les bords de la Charente. Saint-Amant nous regarde partir de derrière ses volets et reprend sa sieste.

Comme des chiffonniers

Il est connu, presque célèbre. Certes, on ne le reconnaît pas dans la rue, la télévision n'a pas encore doté chaque Français d'une mémoire portative digne d'un physionomiste de casino et lui permettant d'identifier outre les visages de ses familiers ceux des deux ou trois mille « personnalités » qu'il est interdit d'ignorer, mais au-delà du Landerneau tout-parisien, cercle restreint dont la guerre a encore réduit le périmètre, son nom commence à être public, et c'est tout ce qui lui importe. Il dévore à belles dents les plus belles années de sa vie. Il suit la guerre comme un spectacle parmi d'autres, et loin d'être le plus passionnant. Le conflit en cours l'intéresse et le mobilise moins que ses amours et que sa gloire. Le monde autour de lui peut s'écrouler – en fait, un monde s'écroule –, il n'en a cure.

L'Allemagne recule sur tous les fronts. Le navire Collaboration fait eau de toutes parts. Les sages, les habiles, les clairvoyants, les désabusés prennent leurs distances sans bruit, quelquefois en donnant des raisons qui ont de quoi faire réfléchir. Sur ces radeaux de fortune, c'est la prudence, le plus souvent, qui met les voiles, mais il arrive que l'honneur tienne la barre. Lui, cependant, saute à pieds joints dans tous les pièges, comme un gosse dans des flaques, insoucieux des éclaboussures. Il accepte tout ce qui se présente, comme si de rien n'était.

Octobre lui apporte sa nomination à la chaire de français de l'hypokhâgne la plus cotée et la plus convoitée de France, celle de Louis-le-Grand. Il en a les titres et la capacité : il a fait ses preuves lorsqu'il enseignait en khâgne et en faculté à Poitiers. Aux amis qui lui recommandent ou même le conjurent de ne pas accepter cet avancement apparemment flatteur, il rétorque qu'il n'a pas intrigué pour obtenir le poste. C'est exact. Qu'il n'en est pas indigne. C'est certain. Que s'il le refusait, il s'en trouverait d'autres, éventuellement moins aptes, pour occuper la place. C'est probable. Qu'il n'y fera, en somme, que son métier et veillera strictement à éviter toute interférence entre son cours et le temps présent. Soit. Mais que, dans le cadre des mouvements de cette rentrée 1943 Jean Guéhenno, qui, pour sa part, n'avait pas caché ses sentiments gaullistes, soit rétrogradé de la khâgne de Louis-le-Grand à des classes de cinquième et de sixième au lycée Buffon d'où il vient lui-même, ne le trouble qu'un moment. La coïncidence des deux décisions confère pourtant à tous les yeux, sauf aux siens, une signification politique compromettante et une coloration morale gênante à sa promotion.

Tableau noir et rideau rouge. La rentrée, pour lui, cet automne, c'est aussi la rentrée théâtrale. Anouilh, Claudel, Cocteau, Giraudoux, Guitry, Montherlant, Sartre et Camus... Saison jamais fut-elle

145

plus brillante ? Carné, Clouzot, Autant-Lara, Decoin illustrent la vitalité du cinéma français. Si le public se rue au théâtre et au cinéma, c'est un peu parce qu'il y fait chaud, beaucoup parce qu'ils apparaissent comme des espaces de liberté, concédés, contrôlés, mais ouverts sur le rêve et l'évasion. Il y a des générales, des avant-premières, des sorties en librairie et des prix littéraires, des expositions, les thés de l'ambassade, les réceptions de l'Institut franco-allemand. Les apparences de la vie artistique, sociale et mondaine sont sauves, et il n'en faut pas plus pour que certains observateurs de l'époque répètent, extatiques, que Paris est décidément toujours la reine du monde. Pauvre reine outrancièrement maquillée, tremblant de misère et de faim dans ses robes de bal en rayonne, pauvre Ville Lumière réduite à faire le trottoir dans le périmètre autorisé par la censure, astreinte au couvre-feu. Le Paris des spectacles, des arts et des lettres, micro-société amputée de la moitié de ses membres, bruit comme une volière d'un incessant pépiement d'événements, de mondanités et d'autocongratulations qui, par l'effet d'amplification des vases clos, crée l'assourdissante illusion de la vie. On s'y étourdit les uns les autres pour mieux s'oublier soi-même. On sort pour mieux tourner le dos au monde.

Dora et lui sortent presque tous les soirs, nous laissant la garde de la maison et du petit frère.

La clé a tourné dans la serrure. L'écho de leurs pas décroît dans le grand escalier. Nous entendons s'ouvrir et se fermer la porte de l'immeuble. Une main prudente écarte les rideaux de la fenêtre du bureau. Ils ne peuvent pas nous voir, les lumières sont éteintes. Quand ils prennent le métro à Notre-Dame-des-Champs, nous les voyons tourner le coin de la rue. En revanche, quand ils prennent le métro à Vavin, ils suivent le trottoir le long de l'immeuble et échappent ainsi à nos observations. Nous n'allons pas nous risquer sur le balcon, ce qui nous permettrait de surveiller leur marche mais au risque d'être aperçus nous-mêmes. Nous patientons quelques minutes encore, les yeux brillants, le souffle rauque, comme de petits fauves élevés au zoo qui, à l'heure où on les nourrit, croient déjà sentir le fumet de la viande. S'ils s'étaient trompés de jour ? Si c'était un piège ? Une fausse sortie ? S'il avait oublié quelque chose ? Il est déjà arrivé qu'il remonte l'escalier quatre à quatre. Si c'était le cas, il faut qu'il nous trouve tous les trois dans la salle à manger, en train de travailler, et tout en ordre.

Jean, le malin, qui prend la direction des opérations, est seul habilité à donner le feu vert. Il nous fait d'abord sortir de l'office pour prendre la clé du placard dans sa cachette dont il tient à conserver seul le secret. Je suis préposé au guet. Si je ne réagis qu'à l'allumage de la minuterie, il nous reste vingt secondes pour tout escamoter. Si je donne l'alerte dès l'ouverture de la porte de l'immeuble, cela nous assurera quelques instants supplémentaires de répit. Alain tient la chaise sur laquelle Jean prend appui pour se hisser sur l'étroit rebord que lui offre le premier corps du buffet. À lui de jouer maintenant, c'est-à-dire de distraire des maigres stocks gardés sous clé les quelques morceaux de sucre, les petits gâteaux secs, les cuillerées de farine chocolatée qui feront notre festin, et de le faire avec assez d'habileté pour que le prélèvement soit indétectable. À lui aussi, sous nos regards luisant de convoitise et de soupçon, de répartir en trois parts égales le butin que nous savourons avec la triple satisfaction d'apaiser un moment notre faim permanente, de participer à une aventure risquée, du genre « sport de l'extrême », et de procéder à une opération de reprise individuelle hautement justifiée. Nous appelons cet exercice « la tournée », mot qui dans cette acception n'a de sens que pour nous. Nous ne saurons jamais si nous avons été assez adroits pour n'être même pas soupçonnés, ou si les preuves ont manqué. En tout cas, nous n'entendrons jamais parler de rien.

La « vie inimitable », comme disaient Antoine et Cléopâtre, renforce encore l'aversion de Dora pour les humbles soins du foyer. Quand elle s'en mêle, de la plus mauvaise grâce du monde, c'est l'infortune du pot, nous mangeons en silence, à la vavite. Oh, les lugubres repas, préparés comme des corvées, expédiés comme des punitions. Le bon côté de son allergie, c'est que nous recourons de plus en plus aux « plats cuisinés ». C'est le *fast food* de la disette, vendu contre des tickets, fait un peu avec n'importe quoi, mais tellement meilleur que la cuisine maison. Quelquefois, notre père se résigne, quand il n'y a vraiment rien à se mettre sous la dent, à nous emmener au Coq d'Or. C'est rue Malebranche, un restaurant bon marché, tenu par des Russes blancs. Il y baigne dans ses souvenirs du Quartier latin, et nous dans l'odeur de chou. On nous y sert un bortch où de rares légumes nagent dans l'eau chaude et des pirojkis rassis, mais au son des balalaïkas, dans un décor à la *Boris Godounov*. C'est la fête. C'est encore mieux quand Dora et mon père ne se disputent pas.

Les petites classes de Montaigne, à partir de la huitième, sont transférées rue de l'Arbalète, et ne sont plus mixtes. Le regret d'avoir quitté la rue des Feuillantines se double de coïncider avec l'entrée dans un univers de brutes : le monde affreux des garçons. Mes deux frères, eux, aiment se battre. Je n'y trouve aucun intérêt. Ils aiment me battre. Je n'y prends aucun plaisir. Nous nous battons donc, comme des chiffonniers, dans notre chambre dévastée, et pendant que nous nous tapons dessus, haletants, les oreilles rouges, j'entends, au-dessus de nous, trois fois par semaine à heure fixe, s'égrener laborieusement les mêmes notes sous les doigts de Tessa qui prend sa leçon de piano. Séparés par un étage et l'ostracisme de ses parents, vingt fois par jour je reprends avec elle, *da capo*, la *Lettre à Élise*.

Marguerite Teille travaille maintenant à l'accueil de la Ligue de pensée française, nouvel avatar du Comité France-Europe de Château censé rassembler les intellectuels de la « deuxième gauche » collaborationniste, celle qui veut le socialisme sans le fascisme. Mon père en est le secrétaire général et plusieurs fois par semaine sa victime dont les malheurs ont déjà fait plusieurs fois le tour de la Ligue se dresse en travers de son chemin comme une statue parlante du Reproche vivant. Elle pleurniche qu'elle n'a pas de quoi vivre, réclame une pension alimentaire pour payer la nourrice de Josette, demande en quoi elle a démérité. Ces rencontres régulières et la seule existence de sa rivale limogée suffiraient à déclencher les fureurs de Dora si celles-ci ne trouvaient un aliment inextinguible dans la lecture des petits carnets noirs qui poursuivent leur navette à un rythme sans cesse accéléré entre les poches de leur auteur et ses mains indiscrètes.

Dora a changé. Elle ne se contente plus de lire son Journal et son courrier, de déchirer les lettres et les photos qui lui déplaisent, de prendre l'écouteur quand le téléphone sonne et d'interrompre la conversation quand celle-ci prend un tour qui ne lui convient pas. Sans enfant, elle était chatte. Avec enfant, elle est devenue tigresse et crache sur la rue Vavin et tout ce qui la représente, l'appartement, lui, nous. Elle est trop malheureuse pour n'être pas méchante, trop jalouse pour n'être pas injuste, trop possessive pour n'être pas mesquine. Tant qu'ils se faisaient la guerre par-dessus nos têtes, nous pouvions assister à leurs duels les plus acharnés avec le détachement des spectateurs d'un combat aérien. Nous nous retrouvons en première ligne. Étant plus faible que lui, elle se venge sur plus faibles qu'elle et nous prend systématiquement en otages de leurs querelles. Elle passe ses colères sur nous. Il feint de plus en plus souvent de l'ignorer. Elle se précipite alors dans notre chambre pour y faire valser livres, cahiers, cartables à travers la pièce. Elle sait que c'est un moyen sûr de le tirer de son mutisme. Il accourt en effet, la prend par le bras, la tire dans le couloir et l'emmène dans son bureau. Là, ils s'expliquent toutes portes fermées. L'appartement, la cour, la maison en profitent largement. Gifles, griffes, coups et cris, ils se battent eux aussi. Ce n'est plus vraiment de leur âge, et ça n'amuse plus personne.

L'escalier de service chuchote et cancane. La loge commente et ricane. Les appartements murmurent ou s'indignent. L'immeuble s'énerve. Une pétition circule. La propriétaire est saisie. Nos grands-parents maternels, alertés, s'émeuvent, agitent la menace d'un conseil de famille, parlent de déchéance des droits paternels, de subrogé-tuteur...

Le vide se fait maintenant autour d'eux. Comme dans ces contes où la mauvaise herbe, les ronces, les arbres finissent par envahir et obstruer l'allée qui menait au château, on croirait que plus personne ne sait le chemin de cette maison d'où le bonheur s'est enfui avec la vie. Aucun parent, aucune relation de Dora ne sont jamais venus lui rendre visite rue Vavin. Quelques amis d'avant, quelques étudiants se hasardent parfois encore à venir le voir, mais ne s'attardent pas. Il préfère recevoir au café. Tard le soir, pourtant, il arrive qu'on sonne à la porte. Nous nous regardons, interdits. Qui diable... ? Ils interrompent un moment leur dispute et envoient l'un de nous trois ouvrir. Ils se doutent bien de ce que c'est.

C'est monsieur Moustier, l'air gourmé, cérémonieux, triste et navré, le chapeau vissé sur la tête comme Raimu dans *L'Homme au chapeau rond*. D'une voix douce, il demande s'il est possible de faire « un peu moins de bruit », comme s'il ne savait pas de quel genre de bruit il s'agissait. La porte refermée, nous allons rendre compte et l'honnête demande de notre voisin suscite immanquablement de grands éclats de rire. Le cœur n'y est pas. Nous savons trop que ce n'est pas lui qui est dans son tort.

La joyeuse rentrée 1943, dans ma mémoire, c'est ça : des histoires de pension alimentaire, de légitimation, d'argent, les apparitions tardives de monsieur Moustier, des bébés qui braillent, des femmes qui pleurent, un homme qui crie, et nous, dans ce grand appartement lugubre où nous nous terrons comme des bêtes, où nous vivons comme des porcs.

Le corps du déni

Depuis le départ d'Hélène – qu'ils nous paraissent lointains, les beaux jours où elle était encore
là – des bonnes, ou des femmes de ménage, se sont
succédé à un rythme accéléré, avec des solutions
de continuité. Des souillons, des malheureuses, des
figures cachectiques, voleuses, insolentes, pares-
seuses, le rebut des bureaux de placement. Elles
n'ont pas laissé plus de traces dans ma mémoire
qu'elles n'en imprimaient dans la poussière et dans
la crasse pour lesquelles elles avaient en commun
un immense respect. La place n'est pas enviable :
du parquet à n'en plus finir, des enfants, des cris, et
surtout, rien à gratter. Monsieur les lâche avec des
élastiques.

Sur ce point, nous sommes tous logés à la même
enseigne. Qu'elle émane de Dora, de Marguerite
Teille, de ses enfants ou d'une domestique, et quels
qu'en soient le motif ou le montant, toute demande
d'argent est accueillie par lui de la même manière :
une surprise douloureuse, comme s'il venait de

recevoir un méchant coup au plexus, un pince-
ment des lèvres, un refus de principe. Comment se
fait-il que l'argent précédemment donné ait déjà
été dépensé ? Comment se fait-il qu'il faille réparer, ou remplacer, ou acheter de nouveau ? Ne
peut-on continuer de faire avec ce que l'on a, se
passer de ce qu'on prétend nécessaire, en rabattre
sur une demande jugée *a priori* exorbitante ? Il
s'écoule des semaines avant qu'il se décide, vaincu
par l'insistance ou par l'évidence, à sortir de son
portefeuille une coupure, la plus petite possible,
ou qu'il prenne lui-même les choses en main et
démontre triomphalement qu'on peut faire autant
avec moins. À ce jeu du qui gagne perd, nous
sommes champions à tous les coups. En ces temps
de carnaval technologique où tout est cul par-dessus tête, où l'on fabrique le papier avec du son, le
pain avec du bois, le café avec des glands et les
vêtements avec des feuilles, même la dépense ne
garantit pas la qualité. Acheter des ersatz au rabais,
c'est en revanche la certitude de la catastrophe.
Ainsi les crédits qu'il débloque nous ouvrent-ils un
droit inaliénable aux crayons qui n'écrivent pas et
qui cassent, aux cahiers de vingt-quatre pages, dont
le papier jaune accroche la plume et boit l'encre,
aux cartables qui se transforment en bouillie à la
première averse, aux ampoules à faible puissance
qui éclairent moins bien et durent moins longtemps, le tout à l'avenant, pour des prix qui, s'ils
défient toute concurrence, ne sauraient prétendre
à la moindre crédibilité.

La guerre prolétarise jusqu'aux demeures les
plus cossues. La concierge a renoncé à déposer et
à battre une fois par an les tapis de sol du grand
escalier. À quoi bon, puisqu'il n'y a rien pour les

nettoyer ? L'ascenseur cesse de desservir les deux premiers étages, par économie, puis ne fonctionne plus que par intermittence en raison des restrictions et des pannes de courant, avant d'être définitivement mis hors service, faute de pièces de rechange. Du moins, tels les demi-solde, dans les romans de Georges d'Esparbès relevant le col de leur redingote hermétiquement boutonnée pour cacher qu'ils n'ont plus par-dessous ni chemise ni cravate, l'immeuble conserve-t-il sa belle tenue jusque dans l'adversité. On est toujours aussi fermement invité à s'essuyer les pieds sur le paillasson. La gardienne, dans la journée, soulève le rideau de sa loge à chaque coup de sonnette pour identifier les entrants et leur laisser ou leur barrer le passage. Les représentants, les quêteurs, les mendiants et autres indésirables sont impitoyablement refoulés. La nuit, elle tient et tire le cordon.

Il n'y a qu'un appartement par étage et rien ne distingue notre belle porte palière en bois clair verni, à deux battants, avec ses deux gros boutons de cuivre brillants, de celles du premier ou du troisième. L'entrée, où une grande armoire vitrée pleine de livres précieux ou interdits (aux enfants) fait face à une vieille maie poitevine, la salle à manger, le bureau-salon ont un grand air de respectabilité. Mieux vaut ne pas aller voir du côté de l'office, de la cuisine et des chambres, là où il n'est pas nécessaire de sauver la face. La ladrerie, l'incurie, l'incapacité, le désordre, l'impossibilité de se procurer les choses les plus simples s'y sont combinées pour produire leurs effets : tout se détraque, tout se délabre, tout s'encrasse, tout se déglingue, tout fout le camp.

Ça a commencé, très vite, avec le tableau de sonneries électriques installé dans l'office par un locataire précédent, médecin de son état. Les petites croix blanches qui apparaissaient derrière le vitrage à chaque coup de sonnette et en indiquaient l'origine faisaient notre admiration. Elles restent toutes définitivement bloquées. Bon, nous n'en avions pas l'usage. Le cadran lumineux du poste de radio, sorte de coffre-fort monumental habillé de bois rares, s'allume encore, mais il est parfaitement vain de chercher à capter l'une quelconque des dizaines de stations répertoriées en GO, OM, PO, OC, et indiquées sur une plaque de celluloïd. Pas plus Sottens que Klagenfurt ou Lisbonne que Radio-Cité. Certaines, du reste, ont dû cesser d'émettre pour diverses raisons, notamment d'ordre géopolitique. Mais ne sortent plus du rond d'étoffe beige que fait vibrer un haut-parleur caché que des grésillements indistincts et parfois des bribes de paroles incompréhensibles, borborygmes émanant apparemment de tout l'espace grand-européen à l'exception de la France. Une voix chantante revient assez souvent claironner quelque chose comme « Aquiladiendora » (Aqui Radio Andorra). Une diode a grillé, jamais remplacée. Je réussis pourtant, en allant trifouiller dans les entrailles de l'appareil et en serrant entre le pouce et l'index le culot d'une des lampes à incandescence, à ranimer la TSF agonisante et à saisir, l'oreille collée au boîtier, quelques-uns des mots qui traversent encore l'éther. D'autres prétendent obtenir des résultats identiques en secouant l'appareil ou en lui cognant dessus. Les deux médications, l'empirique et la brutale, s'avèrent bientôt également inopérantes. Plus de radio. Dommage.

Le chauffage central de l'immeuble a fonctionné quelques semaines, le premier hiver, avec le stock de charbon de l'ensemble des locataires. L'année suivante, on a renoncé d'un commun accord à pratiquer ce communisme de guerre. Le chauffage central individuel reposait sur un ingénieux système qui permettait son fonctionnement alterné au coke et au gaz. Trop ingénieux. Nous ne savons pas le faire marcher. De toute façon, on ne chauffe plus que le bureau. Le chauffe-eau de la salle de bains tient bon quelque temps, puis capitule. La cuisinière tombe en désuétude. Le four de la gazinière défaille. Les tuyauteries s'entartrent. L'évier refoule et déborde. Tout fait problème et chaque difficulté matérielle tourne au drame. Les cabinets, jamais nettoyés, sont simplement répugnants. Notre chambre, à force d'être un champ de bataille quotidien, a tourné au champ de ruines qu'aucune femme de ménage ne veut plus faire. Les sommiers sont défoncés. Les matelas pourrissent. Les rideaux gris pendent sur des vitres obscurcies par une couche graisseuse. Les ampoules claquent. Le froid gagne. La lumière baisse. L'espace habitable rétrécit. Derrière la façade bourgeoise se dissimule un taudis.

Nous n'avons plus rien à apprendre du sordide des sentiments ou de la vie courante. En revanche, nous ignorons tout de notre corps. C'est logique, puisque nous n'avons pas de corps. Cette absence de corps est bien commode. Cela permet d'éliminer du paysage tout ce qui concerne la nourriture, le chauffage, l'hygiène, la santé, et naturellement la sexualité. Il faut bien sacrifier à des nécessités inéluctables, probablement naturelles, mais en cachette, dans le silence obscur d'un réduit secret.

Quant à ce que sont et à ce que deviennent les garçons et les filles, quant à ce qui pourrait se passer entre les hommes et les femmes, à supposer qu'il se passe quelque chose au-delà de la porte fermée des chambres et sous les draps, c'est le *blackout* total. De toutes ces choses réputées triviales ou éventuellement gênantes, il n'y a pas lieu de parler, puisque le corps n'existe pas.

Et pourtant, ils se manifestent, ils se rebellent, ces pauvres corps superbement niés. Ils geignent, ils grincent, ils souffrent, ils portent plainte. Ce ne sont pas les menus maison, à la fois infects et insuffisants, qui pourraient les contenter. Avec quelle impatience nous attendons à l'école la distribution du bonbon vitaminé quotidien – c'est une petite pilule rose au délicieux goût acidulé – et des deux biscuits caséinés qui l'accompagnent (biscuits du Maréchal, il va sans dire). Nous n'en sommes pas moins perpétuellement affamés. À la visite médicale obligatoire, les médecins impuissants reportent rituellement sur nos fiches comme sur d'autres, plus nombreuses chaque année, des observations évidentes, des diagnostics pessimistes et des recommandations platoniques : « Scyphose. Scoliose. Rachitisme. Poids, taille et développement insuffisants. Nombreuses caries dentaires. État général de malnutrition. Il faut absolument suivre un régime fortifiant. » Évidemment...

Nous avons si froid que, lorsque nous rentrons à pied des Halles, nous faisons de longues haltes, comme les clochards, sur les grilles d'aération d'où monte l'haleine chaude et fétide du métro. Nous repartons et nous entrons dans tous les grands cafés que nous trouvons sur notre chemin,

157

le Dupont latin, le Capoulade, le Maheu, nous traversons l'établissement à l'abri du comptoir rien que pour emmagasiner un peu de chaleur ou son illusion et nous sortons par la porte opposée comme des voleurs.

La faim et le froid seraient-ils plus faciles à supporter si ne s'y ajoutait l'humiliation ? Oui, l'humiliation, qui m'accompagne désormais sur le chemin, dans la cour de l'école et jusque dans la salle de classe, qui me fait me tortiller sur ma chaise, me paralyse et me rend muet maintenant quand on me fait venir au tableau. Nous grandissons mais nos vêtements, hélas, ne grandissent pas avec nous. Ils se démodent, s'usent et rétrécissent sur nous. Ce qui grandit aussi en nous, c'est la conscience d'être devenus les plus mal fagotés, les plus mal lavés, les plus mal tenus. Nos orteils ont depuis longtemps percé nos chaussettes qui tire-bouchonnent sur nos souliers. Nos galoches éculées bâillent et claquent sur le trottoir. Nos culottes et nos pulls rapiécés sont trop courts. Nos chemises partent en charpie. Nous en changeons rarement, et plus rarement encore de linge. Ce qui se voit laisse supposer l'état de ce qui ne se voit pas. Nous redoutons les occasions où normalement on doit se déshabiller : les visites médicales – au moins celles-là sont-elles habituellement annoncées à l'avance, sinon il n'y a plus qu'à s'y dérober – et surtout la gymnastique. Heureusement, l'éducation physique, bien que verbalement mise à l'honneur par le régime, est réduite à peu de chose. Il n'y a pas de terrain de sport. Tant pis, on reste comme on est, on ne se change pas, malgré les remarques du professeur. Même cachée, l'humiliation est là.

Un matin, je m'aperçois que non seulement mes engelures aux mains et aux pieds me font souffrir comme d'habitude, mais que la peau me tire horriblement à la pliure du genou. Chaque enjambée – plier, déplier – est une souffrance. En me contorsionnant, je réussis à voir ce que c'est. À la hauteur de ce qu'on appelle, je crois, le creux poplité, la peau squameuse se fendille, et autour d'un noyau de couleur jaune se développe une vaste auréole rosâtre. Je pense immédiatement au scorbut tel que l'évoque Jack London dans *En pays lointain*.

En ce troisième hiver parisien, rigoureux comme les précédents, qui est notre cinquième hiver de guerre, nous sommes vraiment au bout du rouleau.

Tintin et la jambe cassée

Monsieur et madame Brouchon m'invitent à passer chez eux, à Sarrazeuil, les vacances de Noël. Un ancien élève de mon père me prend en charge jusqu'à Poitiers. Monté à Paris où il assure le secrétariat de rédaction de *Notre combat*, publication franchement et résolument collaborationniste, ce jeune homme qui a la ferme intention de voyager loin – dans la vie – et, pour cela, de ménager son avenir, a opportunément ressenti une furieuse et urgente envie de se mettre au vert. Je l'informe au départ de la gare d'Austerlitz de mon souhait, à moins qu'il n'y voie un inconvénient dirimant, de ne converser avec lui qu'en latin, la véritable langue universelle, n'est-ce pas, et en tout cas celle des honnêtes gens que nous sommes, lui et moi, pendant toute la durée du voyage. Le pire est que je tiens parole, au grand étonnement du compartiment. À Poitiers, mon mentor effaré me confie au père Tournat, l'aubergiste-braconnier de Sarrazeuil, et, mission accomplie, remonte dans le train, salué d'un amical et bien naturel : « *Vale et sustine, viator.* » Il continue en effet jusqu'à *Mediolanum Santonum*, plus couramment désignée dans la lange vulgaire des actuels habitants de la Gaule sous le nom de Saintes.

Tout à l'éblouissement de ma performance et considérant que mon accompagnateur n'était qu'une émanation de mon père, fonctionnant sur la même longueur d'ondes, donc qu'avec lui je pouvais me montrer sans complexes sous mon plus beau jour, j'avoue que je ne me suis pas préoccupé de ce que pouvaient penser les autres voyageurs. Je suis pourtant payé pour savoir que, dans la vie courante et dans un train comme dans une cour de récréation, il y a des gens qui ne sont pas du tout enclins à me considérer comme un petit miracle vivant, réincarnation contemporaine de feu Pic de La Mirandole, mais plutôt comme un odieux petit perroquet, ou un jeune paon qui fait la roue, ou tout simplement un phénomène de foire plus justiciable du bocal où on met les monstres, que fait pour parader sous les feux de la rampe.

Je les comprends. Ils sont sans doute dans le vrai. Et pourtant, moi qui le connais, moi qui sais de quoi il est fait à l'intérieur, je lui pardonne et je l'aime bien, cet insupportable petit Benjamin, qui ne fait là que jouer, en toute innocence, et avec plus d'inconvénients que de profits, le rôle de composition qu'on lui a confié. Est-ce un bien grand crime d'avoir la manie des belles phrases ? Pour le reste, il ne demanderait qu'à être un petit garçon comme tous les autres, avec des amis, des préoccupations, des lectures et des jeux de son âge. La preuve ? Dès que le char à bancs s'engage sur la route de Sarrazeuil, au pas lent d'un brave cheval de labour, j'obtiens du père Tournat qu'il me passe son fouet avec toute licence de l'agiter mais interdiction de m'en servir. Dans les descentes, il me permet de serrer le frein. Il ne m'en faut pas plus pour être heureux.

Les Brouchon ne cherchent surtout pas à épater la galerie par mon intermédiaire et ne m'incitent pas davantage à faire mon numéro. Ils ne veulent, simplement, que mon bien. Ils s'alarment de mon état physique et de mon équilibre. « Quel dommage que la tendresse paternelle s'exerce sur lui de façon si néfaste, écrit madame Brouchon à mon père. Vous avez fait à ce malheureux un cerveau qui écrase son corps. Quinze jours pour le remettre d'aplomb, ce sera bien peu. »

Elle me met immédiatement au régime de mon bon plaisir : tomates farcies, œufs durs aux épinards avec béchamel, omelette à la confiture, soupe au lait, pain perdu, riz au lait, œufs à la neige, *broyé*, cette galette poitevine où le sucre et le sel se disputent si fort et se marient si bien. Elle m'oblige à faire de grandes promenades avec sa fille. « Le grand air te fera du bien. »

J'aime bien Françoise. J'aime son grand front bombé. J'aime ses yeux marron. J'aime quand sa mère lui tire les cheveux en arrière et les tresse en une belle natte dorée. J'aime bien Françoise ? « Bien » est peut-être un mot de trop. L'ennuyeux, c'est qu'elle a l'âge de Jean, trois ans de plus que moi. C'est une grande.

Nous allions, justement, Françoise et moi, rendre visite à Marie-Claude chez sa nourrice, « Grand-Mère Giraud ». En bas de la côte de Sarrazeuil, au moment d'aborder le raidillon qui monte vers Tron, un même besoin, parfaitement naturel, nous prend et nous presse. Il faut y céder. Cependant, mon éducation, mon éthique, les convenances... je ne voudrais surtout pas choquer Françoise ou lui apparaître sous un jour désavantageux...

Sotte et stupide pudibonderie ! Stupide et bienheureuse pudeur ! Tandis qu'elle va tranquillement poser culotte dans le pré que longe la route, je cherche où m'abriter de son regard et de tout autre. Je traverse, je dévale le talus abrupt, je heurte une pierre dissimulée sous les hautes herbes. Je ne peux plus marcher. Françoise va chercher du secours auprès de la maison la plus proche.

On me ramène chez les Brouchon dans une remorque de vélo, la jambe prise dans une gouttière. Le docteur Ferré accourt de Poitiers, identifie une fracture du tibia, me plâtre et décide de me garder quelques jours chez lui, « en observation », c'est-à-dire sous perfusion de chocolat, de gâteaux, de bonbons et de tendresse. Mais on n'est pas dupe à Sarrazeuil, on s'impatiente gentiment, on m'arrache au beau-frère, on me récupère, on me couve.

À mon père qui, sitôt rassuré sur la gravité de l'accident, s'inquiète de me voir manquer des cours et voit déjà compromise la suite de mes études, madame Brouchon rétorque qu'il est bien question de « mes études », que je n'ai déjà la tête que trop grosse et trop pleine, que rien ne m'empêche de poursuivre « mes études » par correspondance, à Sarrazeuil, sous sa surveillance, et qu'à bien y regarder, son petit Parisien peut se vanter d'avoir de la chance, puisqu'elle va pouvoir me garder et me dorloter six semaines de plus que prévu.

Bienheureuse fracture, en effet. C'est la bonne blessure dont rêve tout soldat. À croire que je l'ai fait exprès. Couché la plus grande partie de la journée, puis assis, ma jambe plâtrée reposant sur une autre chaise, puis délivré, je peux faire exactement ce qui me plaît, au milieu de gens qui m'aiment, dans la bonne chaleur du feu. J'expédie « mes études » sans difficulté, je joue aux dames ou à la bataille avec Françoise, je passe des heures entières à organiser sur mon lit et à livrer de gigantesques batailles d'infanterie, cavalerie, artillerie, etc., alimentées par le contenu d'une grosse boîte de carton pleine de boutons de toutes tailles et de toutes matières, d'agrafes, de pièces démonétisées, de jetons. Et naturellement je lis. Tout ce que renferme la modeste armoire vitrée qui constitue la très petite bibliothèque scolaire et municipale y passe. Madame Brouchon a d'abord prétendu me rationner à un volume par jour, puis elle a cédé. Elle me fait cadeau de *La Vie du commandant Charcot* par Henri Kubnick. Je découvre des livres de mon âge. *Le Corsaire rouge* et *Le Koh I Noor* m'emmènent loin, très loin. Mais je leur préfère encore *Fripounet au pays des chiffres* dont la renommée, hélas, ne fera pas le tour de la planète et je découvre, ébloui, avec *L'Oreille cassée*, le personnage et les aventures de Tintin, interdit de séjour à Paris, en tout cas rue Vavin.

Monsieur et madame Brouchon ont eu peur pour moi. Loin de chez moi, loin de mes frères, ils se laissent aller sans scrupules, même elle, à me prouver la préférence qu'elle reproche tant à mon père de me manifester publiquement. Ils reportent sur moi un trop-plein d'affection qui ne demandait qu'à s'épancher. Ils me disent de les appeler Grand-Père et Grand-Mère. Un jour, monsieur Brouchon se précipite comme un furieux dans la pièce où je m'occupe tranquillement tout seul. Il m'enlève dans ses bras puissants, m'emporte dans sa classe, me dépose sur une chaise devant l'estrade. « Tenez, dit-il à ses élèves, et spécialement à l'intention des quelques grands gaillards qui sont supposés préparer le certificat d'études, bande d'abrutis, bande d'empotés, voilà un gamin qui n'a pas la moitié de votre âge. Il va vous montrer ce que c'est que lire. » Promu malgré moi au rôle de représentant en pédagogie, je m'exécute. « Voilà, prenez-en de la graine. » En sortant de la classe, tous ces bons petits gars en blouse noire, le béret noir bien enfoncé sur le crâne, me dardent des regards furieux que je reconnais. S'ils osaient, ils me feraient bien la peau. Mais ils savent qu'il leur en cuirait. À la fin de la récréation, ils ont déjà tout oublié.

Je réapprends la marche. Pour m'aguerrir, on m'envoie en pleine nuit chercher des bûches de l'autre côté de la cour. Les fenêtres de la cuisine dessinent des rectangles de lumière sur le gravier. Au-delà, c'est le noir complet. Les loups rôdent peut-être. Je joue à me faire peur.

Il paraît que la mémoire est d'abord faite d'odeurs. Je me souviens des senteurs aigres et hygiéniques de la créosote et du grésyl, au fond du grand préau toujours encombré de bancs, de la bouffée de chaleur sur laquelle semble flotter, presque palpable, l'odeur épaisse de la soupe au potiron lorsque je reviens, chargé, et qu'après avoir, moi aussi, essuyé mes souliers sur la grille de fer, je rentre dans la maison. J'aime l'air âpre et piquant du matin et du soir, où se mêle l'âcre fumée du feu de bois vert. Oh les beaux jours ! Oh les bonnes gens ! Mais déjà les six semaines de grâce touchent à leur fin. L'hiver a passé comme un rêve.

La douceur humide de février met dans l'air une promesse de printemps quand mon père vient me reprendre. Il se doute bien que son hôtesse profitera de l'occasion pour l'entendre en confession. Peut-être en ressent-il aussi le besoin. Madame Brouchon est bien décidée en effet à tenter une dernière fois de sauver cet homme en perdition. Elle le guette au coin du feu. On me dresse le soir un lit de camp dans la cuisine pour que je ne prenne pas froid la nuit. Le dernier soir après le dîner, quand ils sont seuls et qu'elle me croit endormi, elle l'invite à s'asseoir en face d'elle sous le manteau de la cheminée. Il prend place. D'entrée, sa vieille conscience ronchonneuse lui parle sans ambages. Non, il n'échappera pas au sermon qu'elle a sur le cœur depuis un bout de temps, il le sait bien, et qu'à cause de moi elle se force à prononcer à mi-voix. Et qu'il ne se flatte pas d'obtenir son absolution une fois de plus s'il ne réforme pas sa vie publique et sa vie privée. Dans l'ordre.

— Il faut que vous le sachiez, de tout le groupe que nous étions ici avant la guerre et qui vous a suivi jusqu'au bout, nous ne sommes plus que deux ou trois, non pas à vous approuver, il n'y en a aucun, mais à vouloir vous excuser et vous comprendre. On veut bien vous aimer comme on l'a toujours fait, mais on ne peut pas vous soutenir sans que tout le monde vous tombe dessus. Toutes vos erreurs me font grand tracas. Vous vous seriez appliqué à couper les ponts derrière vous que vous n'auriez pas mieux fait. Je ne chercherai surtout pas à vous convaincre, je vous connais trop bien. Non seulement je n'y arriverais pas, mais vous seriez même capable de me persuader que le blanc est noir et le noir blanc. Mais franchement, croyez-vous toujours à la victoire de l'Allemagne ? Vous n'avez donc pas d'yeux, pas d'oreilles ? Vous ne voyez pas que la Libération est désormais une certitude pour beaucoup, un espoir pour tous les Français ? Vous ne sentez pas que tout le pays rejette sans nuances, sans distinction, tous les tenants de la collaboration ? Continuez à penser ce que vous voulez, mais rien ne vous oblige à en faire part au public... Restez chez vous, et taisez-vous, c'est ce que vous pourriez faire de plus intelligent.

Il laisse dire, mais sans chercher à dissimuler son agacement à sa vieille amie. Poitiers, le Front populaire, Sarrazeuil, comme tout cela, à présent, lui paraît lointain, et médiocre ! Ils ne vivent plus tous deux à la même vitesse, ni dans la même sphère. Que de temps perdu, pendant ces années d'avant guerre, dans des postes obscurs, dans des tâches ingrates, puis à se morfondre sur la ligne Maginot, dans son Oflag ! Mais en deux ans à peine, que de chemin parcouru ! À trente-trois ans, il est publié, connu, coté, considéré. Il a rattrapé le train en marche, il y a trouvé sa place, il apprécie le paysage, il roule vers son but et on lui suggère de tirer le signal d'alarme, de revenir à la gare de départ, de s'enterrer dans un trou en attendant que ça se passe ! Non, même si elle ne veut que son bien, il ne se laissera pas faire la leçon par une petite institutrice de province qui, abusée comme tant d'autres par Radio-Londres, prisonnière du cercle étroit de la bêtise villageoise, lui débite ce que lui ont seriné tous les imbéciles.

Ce n'est évidemment pas en la voyant une fois de loin en loin qu'il pourra la tirer d'erreur. Il entreprend pourtant, avec la lourde patience d'un homme excédé, de lui expliquer que le vrai et le faux, le juste et l'injuste ne se calculent pas au pourcentage, que ce n'est pas parce qu'une tendance est provisoirement minoritaire qu'il faut céder au courant et hurler avec les loups. Plus tard, on rendra justice à la poignée d'hommes lucides et courageux qui, au risque de l'incompréhension, de l'impopularité, de pire encore peut-être, ont vu juste et tenu bon, à ceux qui, comme Blum et les siens, la SFIO après 1920, ont maintenu depuis la défaite la « vieille maison » du pacifisme. Qu'elle se souvienne des combats menés en commun contre les fauteurs de guerre, les buveurs de sang, les pousse-au-crime ! Nous avions raison de ne pas vouloir l'intervention en Espagne qui nous aurait conduits à la guerre, d'approuver Munich qui nous a évité la guerre, de ne pas vouloir mourir pour Dantzig qui nous a valu la guerre. Était-ce pour se retrouver dans le camp des de Gaulle, des Schumann, des Reynaud, des Mandel, des Kérillis, des Tabouis ? Sont-ils plus patriotes, charnellement plus patriotes, humainement plus patriotes que Laval, sont-ils plus compétents que Bichelonne, plus intelligents que Fabre-Luce ? Ceux qui sont fidèles à la cause qu'ils ont toujours défendue sont dans le vrai aujourd'hui comme ils l'étaient hier. On ne change pas d'idées comme de chemise. Les principes ne varient pas avec les circonstances...

Elle sent qu'elle va se laisser embobiner. Alors, elle sort de sa manche, sans hésiter, l'argument qui cloue sur place, l'arme absolue :

— Quelle pitié que Marguerite ne soit plus là ! Croyez-vous qu'elle vous approuverait ? Croyez-vous qu'elle vous aurait laissé faire ? Par elle, je savais votre faiblesse d'enfant. Elle aurait su vous protéger contre vous-même.

— Marguerite m'a toujours suivi. Vous savez bien qu'elle et moi ne faisions qu'un.

— Elle vous a suivi tant que vous étiez sur le bon chemin.

— Elle m'aurait suivi jusqu'au bout.

— Elle ne vous aurait jamais accompagné n'importe où. Mais laissons cela. Je vois bien que là-dessus vous êtes têtu comme un baudet du Poitou. En revanche, pour ce qui est de votre vie privée, je vous dirai en bonne amie ce que je crois bon pour vous et je vous demanderai de m'écouter. Dora ne vous aime pas, elle n'aime pas vos enfants, elle n'aime personne qu'elle-même. C'est-à-dire qu'elle aime son plaisir et votre réputation. Cette liaison où ni le cœur ni l'âme n'ont leur part vous avilit. Sur un autre plan, quand vous l'avez rencontrée, c'était une femme mariée, une femme adulte. Elle savait ce qu'elle faisait. Elle s'en tirera. Je ne me fais pas de souci pour elle. Mais l'autre, l'autre Marguerite. Elle vous aimait. Elle est venue vers vous pleine de confiance. Elle ne voulait que votre bonheur et le bien de vos enfants. Elle pouvait vous libérer de toutes ces stupides questions matérielles où vous vous perdez. Tout ce que vous avez su en faire, c'est une servante au foyer, privée d'amour, et maintenant une fille mère, séduite, engrossée, abandonnée. Et elle vous aime toujours ! Pauvre enfant, comme je la plains ! Vous n'êtes pourtant pas méchant, et vous ne faites que du mal autour de vous. Mais là, vous pouvez encore réparer. Faites-le si vous voulez garder mon estime et la vôtre.

Il ne répond rien. Il baisse la tête comme un petit enfant penaud, pris le doigt dans un pot de confiture.

Canard d'avril

Il en est des conseils comme de la lang   qui, selon
le bon Ésope, est la pire et la meilleure des choses.
Qu'on les suive ou non, les conséquences peuvent en
être indifféremment bénéfiques ou détestables. Mon
père est revenu à Paris fort des avis que lui a donnés
madame Brouchon. Le malheur est qu'il a décidé de
se ranger à ceux qu'il ne devrait pas suivre et d'ignorer ceux qu'il aurait mieux fait d'écouter.

Les jours de Dora sont comptés. Il se trouve que,
pour sa part, elle comptait les jours. Elle connaît
déjà la partition, musique et paroles, et le grand air
de la rupture. Pas plus qu'en 1942, elle n'attend
qu'on lui signifie son congé. Après un dernier
esclandre, qui enfonce tous les précédents, elle sort
de scène, côté cour, la tête haute, le petit Gilles
sous son bras, avec berceau, landau, valises, et nos
cartes de lait. Émue et rougissante, Marguerite
Teille fait sa rentrée côté jardin, chargée d'œufs, de
saucissons et ne pouvant croire à son bonheur. Elle
laisse Josette en nourrice, on n'est jamais assez

prudent. Pourtant, il lui prodigue toutes les assurances, au-delà même de ce qu'elle avait espéré dans ses rêves les plus fous. Entre Dora et lui il veut mettre de l'irréparable, et de l'irréversible entre lui et Marguerite. La preuve ? Il lui offre sa main, elle la saisit. Ils se marient vite fait mal fait, quasiment sur le pouce : les fiançailles, les bans, la cérémonie, le banquet, le voyage – de la rue Vavin à Limoges en passant par la mairie du VIe – tout est bouclé, j'allais dire bâclé, en trois semaines.

Dès le 1er avril, lendemain de la noce, nous sommes conviés à appeler « Mama » la toute neuve madame Jamet. Je m'y plie sans murmure et même avec un plaisir certain. Il en va différemment avec Jean et Alain qui déclarent aussitôt la guerre à la revenante. Ce n'est pas seulement ou pas tellement qu'ils adorent Dora, ni parce qu'ils constatent immédiatement que la malheureuse, pour être plus légitime, n'est pas plus soutenue en haut lieu que par le passé. Plus profondément, mes deux aînés, qui n'avaient rien contre une amusante jeune femme de passage, récusent l'étrangère travestie en maman. Pour moi, qui n'ai pas de souvenirs, qui crois n'avoir ni passé ni regrets, je ne cours pas après une camarade de jeu. C'est d'une mère que j'ai besoin. Celle-ci fera l'affaire. Mais, tandis que la bouche en cœur et le cœur en fête je salue le retour de « Mama », ils ne se contentent pas de lui refuser ce nom. Pour eux, elle n'est rien d'autre que « la marâtre », et de lui réserver entre eux, à mi-voix, ce surnom accroît leur complicité et leur animosité. C'est tout juste s'ils ne la confondent pas avec la méchante reine de *Blanche-Neige*. La pauvre ilote ne mérite ni tant d'amour ni tant d'indignité.

171

L'essentiel, comme le lui dit et le lui répète notre père, autant pour s'en convaincre que pour l'en persuader, est que la question Dora soit réglée. Définitivement.

Dora, pour ce qui la concerne, n'accepte pas le triomphe de celle qu'elle a toujours refusé de considérer comme une rivale digne de ce nom. Après ce mariage auquel elle avait peine à croire, elle reste fâchée, en tout cas invisible, au moins huit jours. Par souci de sa dignité, elle y ajoute une semaine de coquetterie, puis tout recommence comme avant. Bientôt, même, un deuxième enfant est annoncé.

Marguerite, forte de son alliance et de son état civil tout neufs, s'est remise avec ardeur à la préparation du thé et à la confection des crêpes à la confiture. Elle discute de nouveau sous la lampe littérature, spectacles, politique, etc., toutes les rubriques des journaux y passent. Mais, allez savoir pourquoi, lorsque le jour décline, il se sent des fourmis dans les jambes. C'est le printemps qui lui donne des idées. Il sort, seul. Du balcon elle le voit prendre une direction qui n'est pas celle qu'il lui a indiquée. Elle referme la fenêtre, elle lave les tasses, les assiettes, elle passe la serpillière, elle met sa robe de chambre et elle attend.

Tout le monde attend. En ce printemps 1944, la Wehrmacht, à l'Est, lâche pied devant l'Armée rouge, les Anglo-Américains, après les débarquements d'Afrique du Nord, de Sicile et de Calabre, remontent lentement, difficilement (et des affiches illustrées ironisent sur la vitesse de l'escargot) mais inexorablement le long de la botte italienne, et le pilonnage systématique de nos ports, de nos villes, de l'Europe occupée et du territoire allemand atteste qu'à la maîtrise des mers les Alliés ajoutent celle du ciel. La question n'est plus de savoir si « le débarquement » aura lieu, mais quand et où. Jamais la vie n'a été aussi difficile et précaire, jamais la chape de silence, de peur et de souffrance qui pèse sur la France n'a été aussi lourde, jamais depuis l'armistice le sang français n'a aussi abondamment coulé. Pourtant, malgré les bombardements désormais quotidiens – en raison de ces bombardements même –, malgré la multiplication des actes de terrorisme – en fonction du développement même des activités de la Résistance –, malgré les mauvaises nouvelles de la guerre – ou plutôt parce qu'une part croissante de la population se réjouit que ces nouvelles soient mauvaises –, il souffle comme une brise avant-coureuse de liberté. Les chansons de la solitude et du deuil cèdent elles aussi du terrain devant les chansons langoureuses et sentimentales : *La Paloma, Parlez-moi d'amour, La Romance de Paris, Mon amant de Saint-Jean*. Les femmes vont à vélo, légères et court-vêtues, elles montrent généreusement leurs cuisses. Les zazous exhibent joyeusement leur je-m'en-foutisme, aux terrasses du Quartier et des Champs-Élysées ils boivent des ersatz de *milk shake* puis ils descendent dans des caves où ils agitent frénétiquement bras et jambes au rythme suspect du swing. Il y a du printemps dans toutes les têtes. Presque toutes.

Les Français n'ont pas répondu à la longanimité de Hitler. Les Français, par égoïsme et par sottise, ont fait échouer la Relève et contraint l'Allemagne qui verse son sang pour l'Europe à instituer le Service du travail obligatoire. Les Français n'écoutent

plus le Maréchal. Les Français sont si bêtes que...
Nul besoin d'écouter le couplet pour savoir qui
entonne le refrain. Le fossé, au fil des mois, s'est à
ce point élargi et creusé entre les collaborationnistes et ceux qui ne le sont pas que les premiers
ont pris tout naturellement le pli de parler comme
d'un peuple étranger de ce peuple, le leur, qui les
vomit. De microcosme qu'il était, le Paris de la collaboration se mue en un gros village où les maisons ferment leurs volets les unes après les autres,
où les allées et venues se font de plus en plus rares.
Dans les colonnes des différents journaux on
retrouve systématiquement les mêmes noms. Aux
générales, dans les salons de l'ambassade et de
l'Institut franco-allemand, ce sont les mêmes personnalités qui se croisent et qui se trouvent les
unes aux autres pire que mauvaise mine, déjà des
visages de condamnés.

Pour ne pas baisser le rideau, pour ne pas fermer
boutique, pour continuer comme si de rien n'était
et s'essayer à faire bonne figure, il n'y a désormais
que ceux qui n'ont plus rien à perdre et les inconscients ou les optimistes incurables. Mon père en
fait partie.

Sa grande idée du moment, c'est de redonner vie
à la gauche, de renouer avec le socialisme de toujours, de retrouver le discours, la mystique, les slo-
gans, de regrouper les hommes, les sensibilités, les
forces vives du Front populaire. Le pain, la paix, la
liberté. En pleine occupation. En pleine guerre.
Avec la bénédiction des Allemands. C'est déjà
autour de la même utopie que, deux ans plus tôt, la
Ligue de pensée française avait regroupé une
maigre cohorte de politiciens, d'intellectuels et de
syndicalistes issus de la mouvance pacifiste. Cette

fois, l'idée s'incarne dans un journal au titre flamboyant : *Germinal.*

Tout à son enthousiasme, c'est à peine s'il s'étonne d'avoir tant de mal à recruter des *collaborateurs* pour cette nouvelle publication. Il est pourtant clair que les dérobades ne s'expliquent pas toutes par la peur de lendemains imminents ni par un désaccord sur le fond. Certains vieux camarades des combats d'avant guerre, parmi les plus fidèles, invoquent des raisons qui pourraient l'amener au moins à réfléchir, voire à les prier de s'expliquer plus clairement. Ainsi Robert Jospin lui écrit-il : « J'ai essayé tout ce dimanche de travailler au papier dont nous avions parlé. Je n'ai pas pu. Je ne crois pas la chose concevable, compte tenu de ce qu'ont été nos erreurs et peut-être nos crimes. » Il en faudrait davantage pour l'arrêter dans son élan. En épluchant son carnet d'adresses, il parvient avec bien du mal à recruter quelques bonnes plumes, quelques bonnes poires, comme lui adeptes suicidaires du pacifisme intégral et prêts à se compromettre jusqu'au bout « pour la bonne cause ». Léon Émery, Félicien Challaye, Pierre Hamp, Francis Desphelippon, Francis Delaisi : une rédaction de bric et de broc, de haut niveau mais aussi peu professionnelle que possible. Même Marguerite Teille sera mise à contribution. Mauvaise pioche : à l'usage il apparaît qu'il faut lui récrire tous ses papiers. Qu'importe, s'il le fallait, il serait prêt à rédiger le journal tout seul.

Désespérant de mobiliser une fraction substantielle de l'opinion française à leurs côtés et considérant à tout prendre les zélateurs inconditionnels de la non-violence comme un moindre mal, les

Allemands cautionnent la création de cet hebdomadaire socialiste et pacifiste, drôle d'oiseau qui se place d'entrée sous le saint patronage de Jaurès, dit ouvertement sa nostalgie de la République et son souhait de voir refleurir la démocratie sociale, laïque et pacifique. En revanche, les fascistes français, du côté de *Je suis partout* et du *Pilori*, saluent de cris d'orfraie cette résurgence inattendue des « chers professeurs » où ils flairent l'éternel complot judéo-maçon. Agitation dans un verre d'eau croupie. Si acerbes que soient ces indignations extrémistes, elles ne suffisent pas à rendre une virginité à une publication dont les capitaux sont allemands et dont le directeur politique est entièrement sous la coupe de ses actionnaires.

À l'échelon inférieur, mais bien au-dessus de ces considérations purement matérielles, donc subalternes, l'heureux rédacteur en chef du nouvel hebdomadaire qui se présente comme un magazine luxueux (tout étant relatif) tiré en héliogravure, s'amuse comme un enfant avec son beau joujou.

Le premier numéro de *Germinal* – qui en aura quinze – sort le 28 avril 1944. Drôle d'idée d'organiser un baptême quand déjà sonne le glas...

Les yeux au ciel

« Radio-Paris ment, Radio-Paris ment, Radio-Paris est allemand. » C'est en tout cas ce que serine à toute heure Radio-Londres sur l'air bien connu de *La Cucaracha*. Si mensonges il y a, ils ne vont pas sans laisser quelques traces. Bien plus que les éditoriaux fanatiques de Jean-Hérold Paquis, les éloquentes chroniques de Philippe Henriot éveillent de profonds échos dans une opinion soumise depuis quatre ans à une propagande à sens unique, obsédante et souvent habile, troublée par la terrible et meurtrière punition que l'aviation alliée inflige quotidiennement à la France, pour son bien, angoissée par la montée du terrorisme dont les diverses manifestations – affrontements entre « bandits » et forces du maintien de l'ordre, exactions, sabotages, attentats, assassinats de collabos, meurtres de notables – emplissent les colonnes de journaux réduits par la pénurie de papier à une pagination squelettique. La France, jour après jour, se voit aspirée dans le maelström de la guerre auquel elle avait cru échapper, meurtrie mais soulagée, avec l'armistice. Les signes palpables de l'exacerbation du conflit laissent mal augurer des suites de ce fameux débarquement tant annoncé, tant espéré, tant redouté. Le déchaînement de la violence, la crainte de l'anarchie, la considération des malheurs présents, la peur des souffrances à venir enfièvrent les esprits.

Les queues devant les magasins d'alimentation tournent au meeting en plein air et la virulence des propos et des commentaires y donne l'impression d'une entière liberté de parole. Illusion, bien entendu, mais comment un non-initié, comment un enfant soupçonnerait-il que ce qui se dit à l'ombre du clocher de Notre-Dame-des-Champs n'est pas forcément représentatif de ce qui se pense à travers toute la France, et que la plus élémentaire prudence impose à ceux qui aimeraient faire entendre un son de cloche discordant de garder un bœuf sur la langue ? Ici comme ailleurs, chacun sait trop ce que peuvent coûter une infraction au *blackout* ou au couvre-feu, une radio interdite écoutée en cachette, un accent de révolte, une réflexion impertinente, un mot de travers. Un observateur attentif et perspicace s'étonnerait qu'il y ait si peu de gens qui parlent, qui pérorent, qui vitupèrent, au milieu de tant d'échines courbées et de têtes baissées. Encore le silence n'est-il pas toujours tenu pour une protection suffisante. Il est de bonne politique d'opiner du bonnet et bien venu d'agrémenter la lâcheté de son acquiescement muet d'un timide sourire d'approbation lorsque des ménagères théâtrales, sincères ou provocatrices, décrivent par le menu et condamnent sans fioritures l'horreur des bombardements de Saint-Nazaire, de Rouen, de Lisieux, de Lyon, de Grenoble, de Billancourt, ou racontent le déraillement meurtrier de l'express Marseille-Paris, qu'elles en aient été les témoins oculaires ou qu'elles en aient recueilli le récit authentique de la bouche d'une parente éloignée mais proche des lieux du crime. On est d'autant plus friand de récits extraordinaires, de péripéties incroyables, de relations de voyage, de confidences exclusives, d'indiscrétions sensationnelles et de brèves de trottoir que l'on se fie moins aux journaux, aux communiqués officiels, aux bulletins de la radio, que l'on a besoin de merveilleux, fût-il terrible, d'espoir, fût-il insensé, de nouvelles, fussent-elles fausses. La France, où les personnes et les informations circulent de plus en plus malaisément, la France ramenée des siècles en arrière par le morcellement, le cloisonnement, la censure et l'insécurité, ressemble chaque jour davantage à un conte de Perrault ou à une histoire de brigands, avec coupures de routes ou de voies, attaques de trains ou de diligences, embuscades, bandits masqués ou agissant au contraire à visage découvert, ce qui, à la réflexion, est encore plus effrayant, sinistres exploits de chauffeurs, campagnes à feu et à sang. Quand il y en a assez de toutes ces histoires à faire frémir debout, il se trouve toujours quelqu'un pour meubler l'interminable attente avec des litanies de jérémiades et de filandreuses anecdotes, toujours les mêmes, de marché noir, d'*Ausweis*, de contrôles dans les trains ou en gare, de commissariats, de Kommandantur, de zone occupée et de zone libre (alors même que la ligne de démarcation est censée avoir vécu). Et quand ce thème-là aussi est

179

épuisé, et qu'on a besoin de s'évader des questions de personnes, de prendre un peu d'altitude, il reste la guerre, les événements de la guerre, les spéculations sur la guerre, les suites et, qui sait, la fin de la guerre.

On s'accorde sans difficulté sur la probabilité d'un débarquement sur nos côtes. En revanche, la date, le lieu, le déroulement, les conséquences et surtout l'issue de l'aventure donnent lieu à d'infinis débats où chacun étale de surprenantes compétences qui sont évidemment mises au service des vœux affichés ou secrets qu'il forme pour un camp ou pour l'autre. En cette matière, on a toujours tendance à croire ce que l'on souhaite : suivant que l'on fait état, sur le ton le plus neutre possible, du génie militaire de Rommel, des formidables défenses du mur de l'Atlantique, cette ligne continue d'ouvrages gigantesques qui protègent la forteresse Europe des côtes frisonnes au pied des Pyrénées, et de ces fameuses armes secrètes qui sont depuis des mois entourées d'autant de mystère que de publicité ou que l'on met en avant l'écrasante supériorité des Anglo-Américains en matière d'effectifs et de matériel ou leur suprématie incontestée dans le ciel, on laisse évidemment, sous le masque de l'objectivité et en toute impunité, percer sa préférence.

Nul ne s'aventure non plus à contester que sur le front de l'Est les Allemands sont en train de prendre une sévère raclée. On ne va pas pleurer sur le sort de ces messieurs dont l'évocation, depuis belle lurette, ne suscite plus automatiquement le qualificatif « corrects ». Mais l'éventualité consécutive d'un déferlement des hordes bolcheviques sur les talons de la Wehrmacht en déroute fait souffler un vent d'épouvan   sur la rue d'Assas, la rue Madame et la rue Vavin. On sait, par l'histoire et par les actualités, de quelles atrocités sont capables les Russes, surtout quand ils sont soviétiques, et que les Cosaques, après avoir fait boire leurs chevaux dans la Seine et vidé la cave de Chez Maxim's, se mettraient en devoir d'assouvir leur fantasme immémorial qui est de violer les religieuses et les pensionnaires de Notre-Dame-de-Sion. « À ce compte-là, risque une voix timide, autant que les Américains arrivent les premiers. » La proposition est fraîchement accueillie par certains. À ce point de tension extrême, il se trouve toujours par bonheur au moins un stratège (la France de 1944 n'a plus ni armée, ni flotte, ni aviation mais elle compte des millions de stratèges en appartement, en chambre et même en plein vent) pour faire miroiter la perspective – si alléchante qu'elle s'impose aussitôt avec la force de la réalité – d'une paix séparée à l'Ouest qui laisserait l'aigle et l'ours s'entre-déchirer et permettrait à la France de « tirer son épingle du jeu ». La diplomatie peut elle aussi remporter des victoires « sans coup férir ». Même quand il fait les courses pour remplir de navets son vieux cabas, monsieur de Norpois reste lui-même.

Le stratège de trottoir, pour être crédible, se doit d'avoir une mise soignée, un langage châtié, le ton assuré et l'air entendu. Rien à voir avec la commère, également écoutée mais avec un certain scepticisme, qui tonitrue sous le sceau du secret que les parachutistes britanniques, à jour fixé, guidés par des complices français, emprunteront le réseau des égouts parisiens pour déboucher sur la place de la Concorde. Le stratège, au contraire, jette autour de lui des coups d'œil ostensiblement furtifs et baisse la voix avant d'étaler sur la place publique, tel un vulgaire bonimenteur de bonneteau, le double jeu du Maréchal. « Le président Laval (ici le stratège cligne de l'œil à l'instar du matois Auvergnat), c'est un malin. » « Le maréchal Pétain (ici le stratège marque un temps d'arrêt et sa voix n'est plus qu'un souffle), il *les* roule dans la farine. Il ne faut pas tenir compte de ses déclarations officielles. Tout le monde sait qu'il n'est libre ni de ses mouvements ni de sa parole. Il a des accords secrets avec Churchill et Roosevelt (un nouveau temps) et même avec de Gaulle. Il paraît que c'est son fils naturel. En tout cas le fils de de Gaulle est le filleul du Maréchal. Ça prouve bien qu'ils ont des liens particuliers. »

Car ici – au cœur du bon VIe – on invoque toujours, au moins en public, le nom vénéré du Maréchal, de notre Maréchal, et il faudrait avoir l'ouïe bien fine pour déceler une baisse significative de l'ancienne ferveur. Personne ne se risquerait non plus à prendre tout haut la défense des résistants – on parle plutôt de terroristes – ou du moins de leurs actions dont on dénonce l'irresponsabilité criminelle. À quoi riment ces attentats aveugles qui, pour un Allemand tué – un pauvre gars, si ça se trouve, qui n'avait pas demandé à venir chez nous –, coûtent chaque fois la vie à des dizaines de bons Français innocents, soit directement, soit en représailles ? De même ne saurait-on se féliciter ouvertement des bombardements. L'exercice à la mode, en revanche, et qui permet à ceux qui s'y livrent et qui citent en experts les noms, les modèles et les performances des avions de briller en société, consiste, sur le mode du parallèle classique entre Corneille, « plus moral », et Racine, « plus naturel », à opposer la technique de bombardement en tapis des Américains qui, à six mille mètres d'altitude, sont bien incapables de distinguer objectifs militaires et cibles civiles, usines, gares, bunkers et maisons d'habitation, convois de troupes et trains de voyageurs, et la précision des pilotes de la RAF, corollaire de leur courage. C'est parce qu'ils prennent plus de risques en volant bas qu'ils font plus de dégâts chez l'adversaire mais subissent aussi plus de pertes.

J'écoute, et je fais mon profit de ce que j'entends, où j'estime cependant qu'il y a à prendre et à laisser. Quant aux Américains, je n'ai guère d'informations et ma religion n'est pas faite. Entendons-nous. Je n'ignore rien des Peaux-Rouges, premiers habitants du pays. J'ai appris dans Fenimore Cooper et Jean Aicard qu'ils ont le teint cuivré, la vue perçante, la voix gutturale – quand ils ouvrent la bouche, rarement. Je les estime pour leur courage, leur sobriété, leur endurance, leur loyauté. Je sais qu'ils partagent leur wigwam avec leur squaw et qu'ils ne se séparent de leur tomahawk que lorsqu'ils empoignent à deux mains le calumet de la paix. La Prairie et le Far West me sont également familiers ne serait-ce que par *Hurrah !*, *Tarzan* et autres illustrés que mon oncle Olivier nous prête libéralement quand son frère n'est pas là. Mais des États-Unis actuels je sais seulement et vaguement que c'est tout gratte-ciel, voitures produites en série, dollars et capitalistes à gros cigare.

Pour l'Angleterre, c'est une autre paire de manches et je m'étonne de l'indulgence qu'on lui témoigne. C'est que je les connais, moi, les Anglais, comme si je les avais faits. Percés à jour, démasqués, pris la main dans le sac. Ce ne sont pas tellement les magazines, les brochures et les tracts de propagande ni même mes livres d'histoire qui me permettent d'en parler savamment : les premiers sont si outranciers que ça ne peut pas échapper, les derniers se gardent de prendre clairement parti. Mais mon père reçoit en service de presse et j'ai dévoré l'intégralité de « La Fleur de France ». C'est une collection de livres pour enfants, fort bien faite, qui retrace, monographie par monographie, les vies héroïques, magnifiques, exemplaires et trop souvent tragiques des grands hommes qui ont illustré la France au long des siècles : Du Guesclin, Jeanne d'Arc, Cavelier de La Salle, les onze frères Lemoyne, Jean Bart, Duguay-Trouin, Dupleix, Montcalm, Surcouf, Dupetit-Thouars, Cambronne, Napoléon, le capitaine Marchand... Il faut bien se rendre à l'évidence. À l'exception de Vercingétorix, de Bayard et de Pasteur, tous les héros de la collection ont eu maille à partir avec la perfide Albion. Gagnants ou perdants, tous ont dû triompher ou ont été, plus souvent, victimes de la fourberie, de l'arrogance, de l'inimitié anglaises. De Crécy et Azincourt à Fachoda et Mers el-Kébir en passant par Compiègne, Malplaquet, Fontenoy, Aboukir, Trafalgar et Waterloo, l'Angleterre, voilà l'ennemie – héréditaire. Je n'en dis pas plus mais je n'en pense pas moins : je n'aime pas les Anglais.

Ce qui ne signifie pas – je serai franc – que je n'apprécie pas les bombardements, mais c'est pour des raisons qui n'ont rien de géopolitique. Presque aussitôt après que nous avions quitté l'école de la rue des Feuillantines pour celle de la rue de l'Arbalète, le changement de lieu a été suivi d'un changement de climat. En tout cas depuis que, de nouveau sur pied, je suis rentré de Sarrazeuil, il est bien rare que le hululement strident et plaintif des sirènes ne vienne pas à un moment ou un autre, en général dans la matinée, interrompre les cours. Le temps de descendre dans l'abri, d'y attendre tranquillement la fin de l'alerte, de remonter en classe, de se réinstaller, c'est bien le diable si l'heure de la sonnerie n'est pas venue. La tentation est trop grande : je prends l'habitude de faire l'impasse sur les leçons et les devoirs qui ne me disent rien. La rançon en est que je passe par de terribles affres, mais au total le calcul est payant. Le ciel clément vers lequel je lève des yeux implorants exauce ma muette prière. Les quelques fois où Anglais et Américains sont absents au rendez-vous, la bonne madame Drezet accepte mes excuses bredouillées et passe l'éponge. C'est drôle, tous les professeurs semblent avoir la tête ailleurs. On ne peut compter sur personne.

Début mai, les autorités académiques tirent les conséquences de la situation. Compte tenu des difficultés croissantes du ravitaillement, du danger que font courir à la population des grandes villes les bombardements aériens et de l'éventualité de leur intensification, le ministère de l'Éducation nationale décrète la fermeture anticipée des écoles primaires à Paris et en région parisienne et invite les familles qui en ont la possibilité à envoyer leurs enfants loin des grandes agglomérations. Les directeurs des établissements situés en zone rurale sont priés de réserver le meilleur accueil aux petits Parisiens.

Le 19 mai 44, nous partons tous les trois pour Sarrazeuil. Tout seuls, comme des grands.

Mon village à l'heure d'été

Nous sommes pris en pension, comme aux dernières vacances de Pâques, par madame Bernier, à Tron. Nous suivrons à Sarrazeuil les cours de monsieur Brouchon dont l'école accueille une demi-douzaine d'autres petits réfugiés. Nous nous retrouvons chacun dans une division différente et chacun en tête de sa division. Pour autant, les gars du village ne nous font pas mauvaise mine, et ne nous chambrent que quelques jours avec le rituel et inusable « Parisiens têtes de chiens, Parigots têtes de veaux ».

Ils ne sont pas plus délicats entre eux qu'avec nous. Ils ont le parler rude, le geste vif, et ne cherchent pas à se faire passer pour plus raffinés qu'ils ne le sont. Ils adorent les scies réputées vexatoires du genre : « C'est çui qui le dit qui l'est. » Quand on leur demande leur nom, ils répondent du tac au tac : « Si tu veux savoir mon nom il est sur mes talons. Quand mes talons seront usés mon nom sera effacé. » Quand on leur demande l'heure, ils rétorquent avec esprit : « L'heure qu'il était hier à la même heure. » L'admirable est que ça les fait tordre de rire la centième fois autant que la première.

À midi, nous restons avec ceux qui habitent trop loin pour rentrer chez eux. Nous nous asseyons côte à côte, jambes ballantes dans le vide, sur le muret qui sépare la cour de l'école du jardin potager et nous sortons notre casse-croûte de nos musettes. Madame Bernier nous y a mis des cerises, de larges tranches de gros pain tartinées d'épaisses couches de beurre, de fromage et de sucre en poudre et un litre de piquette. Le bouchon n'est pas étanche ; la piquette, sur le chemin de l'école, se répand généreusement et imbibe le pain qui chauffe au soleil. Le résultat est un délicieux mélange qui fond dans la bouche, réchauffe le cœur et monte à la tête. Invariablement, après avoir mangé, les garçons rapprochent leurs têtes et commencent à se raconter à mi-voix des histoires cochonnes. Je n'y comprends rien, mais je ris, de confiance, avec eux. Je ne serais d'ailleurs pas étonné que certains, comme moi, jouent les délurés sans l'être tant que ça. En général, ils sont bien innocents, les petits drôles de Sarrazeuil. Il y en a un, pourtant, le plus vieux, qui m'entraîne un jour sous le préau, derrière le bûcher. Là, à l'abri des regards, il déboutonne ma culotte et ouvre la sienne. L'intérêt du jeu m'échappe, mais sa voix, ses gestes et son trouble me font peur.

Le plus avancé, le plus émancipé de tous et, tranchons le mot, le plus voyou, s'appelle Péninon. Il est grand, fort et brutal. Il a l'âme, les manières et l'autorité d'un chef. C'est lui qui a osé écrire au charbon sur le mur de l'école des garçons : « Brouchon tête de cochon. » Tout le monde le sait, mais personne ne l'a dénoncé. Monsieur Brouchon a eu des mots méprisants sur le scripteur anonyme et lâche et a joué les indifférents. Mais on voyait bien qu'il était affecté. Après la classe il m'a pris à part et m'a interrogé. J'ai joué les innocents, les yeux dans les yeux, et il m'a cru. Péninon a bien voulu me faire entrer dans sa bande. J'en suis encore plus heureux que fier. C'est la preuve que je ne suis plus un étranger. J'ai réussi mon intégration. Je suis un enfant du village.

La supériorité numérique fait la loi. L'effet de groupe a joué. Ce n'est pas Paris qui phagocyte Sarrazeuil mais Sarrazeuil qui déteint sur Paris. Non seulement nous n'ouvrons plus de grands yeux quand il est question de « migées » (ce sont des fraises trempées dans du lait), de sauce aux « lumas » (indifféremment employé pour escargots ou limaces), « d'ageasses » (les pies), de « grolles » (les corneilles ou les corbeaux), mais nous ne nous singulariserions pas à parler de garçons ou de filles pour désigner des gars et des garces ou, plus idiomatique, des drôles et des drôlesses (ou drôlières) et nous disons « asteure » (à cette heure), « ce tantôt » (cette après-midi), « tchicolé qu'ça » (qu'est-ce que c'est que ça ?), ou « cou biau chapiau ! » (quel beau chapeau !) comme tout le monde, en prenant soin d'y mettre cet accent à la fois traînant et chantant qui emprunte au vendéen et au limousin.

La guerre, en raréfiant les engrais et les pesticides, comme tout le reste, a diminué les rendements et favorisé la prolifération des rongeurs et des insectes qui dévastent les récoltes amoindries. Les feuilles et les fleurs s'étiolent, les fruits et les légumes poussent rabougris. Plus encore que les punaises, les hannetons et les charançons, les doryphores grouillent dans les champs de pommes de terre. La simultanéité de cette invasion et de l'autre a frappé l'imagination populaire et « doryphores » est un des mille petits noms d'amitié dont on a affublé l'occupant. Sous la direction de monsieur Brouchon, toute l'école part donc à la chasse aux doryphores. Il y a urgence. Nous entassons sans mal des centaines, des milliers de ces bestioles au dos rayé jaune et noir dans des grosses boîtes d'allumettes, des boîtes de conserve, des bouteilles vides dont nous vidons le contenu vivant sur un grand feu de bois. Les affreuses petites bêtes crament en crépitant et répandent une odeur infecte d'huile brûlée qui ajoute encore à la haine que nous ressentons pour elles. C'est la guerre entre elles et nous. Mais nous avons beau les capturer et les exterminer, elles semblent puiser dans la lutte une ardeur nouvelle et se multiplier sous nos pas : nous sentons bien que nous n'en viendrons jamais à bout.

Au reste, l'année scolaire se termine et monsieur Brouchon est bien obligé de nous démobiliser début juillet. Cette fois, l'école est finie. L'été, le bel été s'étend devant nous comme une plage immense dont nous ne voyons pas la fin.

Si nous tirions quelque vanité d'en remontrer à nos petits camarades paysans sur les bancs de l'école, force est de reconnaître qu'en dehors de la classe ils ont plus d'un tour dans leur sac et nous en mettent plein la vue. Ils savent, en approchant de leurs lèvres un brin d'herbe disposé d'une certaine manière dans leur paume, produire des sifflements stridents et d'autres bruits bizarres. Ils communiquent à distance grâce à un code secret de signaux sonores. Ils nous apprennent à allumer un feu avec des silex, à fumer la barbe du maïs, à mâcher le blé jusqu'à ce qu'il devienne chewing-gum, à modeler des billes avec de la terre glaise, à repérer et à piller les nids, à gober les œufs, à poser des collets. Ils fabriquent des arcs, des sarbacanes et ne se séparent jamais de leurs lance-pierres, armes redoutables lorsqu'ils se bagarrent, qu'ils utilisent avec une dextérité merveilleuse pour abattre les oiseaux en plein vol, estourbir ou tuer les crapauds, les grenouilles, les lézards et les serpents. Ils connaissent tous les chemins de la campagne, tous les raccourcis, tous les sentiers et les pistes de la grande forêt de Moulières.

La vie chez madame Bernier est également une école de rusticité. 1944 est une année à guêpes. Ivres de chaleur et de convoitise, elles montent à l'assaut de la viande, du fromage, des fruits et s'abattent en piqué, à l'heure des repas dans le jardin, sur les assiettes, les verres et la grande table, sous le cerisier, dont le bois est noir et vermoulu comme celui des bancs d'être toute l'année au vent et à la pluie. Nous les laissons venir, nous attendons qu'elles se posent et, d'un geste résolu, nous les coupons en deux, au couteau, riant des convulsions qui agitent encore un moment les deux moitiés séparées de l'insecte, et nous comparons nos tableaux de chasse.

À l'intérieur, les spirales de papier tue-mouche suspendues au plafond, noires d'insectes agglutinés, les uns morts, les autres grésillant encore, tournent sur elles-mêmes. Les chiens, les chats, ici, on ne les entretient pas à ne rien faire. Les uns ont pour tâche d'aboyer aux passants et leur place est à la niche, les autres ont pour mission de chasser les rats des granges et des greniers. Les uns et les autres n'ont rien à gagner à s'aventurer dans les maisons. Ils risquent davantage d'y récolter un grand coup de sabot dans le ventre qu'une caresse ou un os de poulet.

Lorsque madame Bernier sort un lapin du clapier et, le prenant par les oreilles, l'assomme d'un coup sec du tranchant de la main sur la nuque, ça ne nous fait ni chaud ni froid. Elle accroche à la porte de la remise la bête supposée morte mais que souvent agitent encore les soubresauts de l'agonie, puis elle tourne la pointe de son couteau dans l'œil de l'animal d'où pisse un sang noir qu'elle recueille dans un bol. Elle dépouille le cadavre en un tournemain, comme on retourne un manteau. Elle le vide enfin. Nous ne cillons même plus.

La vieille dame – au moins nous le paraît-elle – réussit parfois à nous coincer pour écosser des petits pois ou des haricots. En récompense, elle nous laisse grimper à l'arbre et nous gaver de cerises. À peine elle a tourné le dos, nous nous envolons. Quand la pluie tiède fait monter du sol une bonne odeur de paille et de crottin mouillés, nous nous aventurons dans les granges, les scieries, les garages, les bergeries, souvent à l'abandon depuis la guerre, forçant des portes mal closes avec le sentiment de transgresser des interdits. Nous jouons avec rien, le timon d'une charrette, les brancards d'une carriole, des charrues et des herses rouillées, des outils laissés là. Je peux aussi rester des heures simplement à observer la marche des fourmis. Quand il fait beau, les prés, les bois, la terre et le ciel nous appartiennent. Sans consignes, sans surveillance, sans maître, hors du temps, loin des hommes, le corps aguerri, la peau endurcie, ce n'est pas par nécessité mais par goût que nous allons le plus souvent pieds nus. Nous revenons à l'état de nature.

Je passe des après-midi entières à la cime des arbres. Invisible d'en bas, caché, bercé là-haut par le vent, j'entends presque toujours quelque part bourdonner la vie. C'est la chanson monotone de la batteuse, c'est le frémissement des épis et des frondaisons sous la brise, c'est le crissement des cigales, c'est le rare ronronnement lointain d'un moteur, ce sont des gens qui passent et parlent fort, je ne sais où. La campagne n'est pas encore un désert. Partout il y a des yeux, il y a des voix, il y a de la vie. Comme les pasteurs corses ou sardes, comme les bergers des premiers âges, les gardiens des troupeaux s'appellent et se répondent d'une colline à l'autre sur d'étranges mélopées. Parfois, tout s'immobilise un instant dans un insupportable et mystérieux silence, comme un cœur s'arrêterait de battre avant de repartir.

Nous avons appris bien entendu qu'un débarquement avait eu lieu. Depuis, plus de nouvelles. On se bat en Normandie. Mais la Normandie existe-t-elle ? Elle a disparu, comme Paris, comme la guerre, comme l'hiver, comme les mauvais rêves, dans je ne sais quelles brumes. Ici c'est la paix, ici c'est les vacances. La merveilleuse heure d'été (« l'heure allemande ») prolonge indéfiniment les grands jours si pleins et si vides. Jamais plus je ne baignerai dans ce temps immobile.

Une fumée noire dans le ciel bleu

Une après-midi encore, où je suis entre ciel et terre. J'ai grimpé tout en haut d'un grand pin, là où les dernières branches plient sous le moindre poids, là où le moindre souffle agite la ramure. Soudain, un petit avion monomoteur à cocarde tricolore surgit d'un ressaut de terrain et passe au ras des cimes, si bas et si près que nous voyons distinctement le pilote. Nous a-t-il vus aussi ? Avant de disparaître, il incline l'appareil sur une aile puis l'autre et c'est comme si la guerre nous avait effleurés de la sienne. L'ombre de l'avion s'interpose un instant entre le soleil et moi, et c'est comme si nous étions entrés dans l'ombre de la guerre. Nous la sentons qui rôde autour de nous.

Papa nous écrit qu'il lui est impossible de nous rejoindre pour l'instant. *Germinal* le retient à Paris et le retiendra tant qu'il sera possible d'en assurer la parution. Pas bien longtemps, prévoit-il. Dès à présent, il nous envoie « Mama » en avant-garde.

Tous les jours, je vais donc la guetter sur le bord de la route, devant la maison de madame Bernier. Je ne sais pas pourquoi, je suis persuadé qu'elle arrivera en fin de journée. Et en effet, un soir, à l'heure où le soleil décline, je la reconnais à sa chevelure rousse qui flamboie dans le couchant. Elle est assise à l'arrière d'un camion allemand, en compagnie d'autres femmes en robe légère. Je cours de toutes mes forces derrière le véhicule poussif qui peine dans la côte en criant : « Mama ! Mama ! » Les soldats feldgrau et les filles s'en tapent sur les cuisses. Mes frères se moquent méchamment de moi. La drôlerie de la chose m'échappe.

La vraie Marguerite Teille arrive le lendemain soir. Il y a dix jours qu'elle a quitté Paris. Elle a profité d'une voiture qui descendait jusqu'à Moulins. Là, elle est restée bloquée huit jours, dans l'attente d'un train toujours en partance qui n'a jamais pris le départ. Elle a fini par quitter la ville à pied. Elle a été mitraillée sur la route. Elle a été prise en stop par un camion allemand qui l'a emmenée jusqu'à Poitiers. Je ne m'étais pas tellement trompé, en somme. Elle a fait les derniers kilomètres en marchant.

Notre père avait chargé son envoyée spéciale de négocier un rabais. Madame Bernier comptait justement demander une rallonge. Il y a comme un malentendu. Nous nous replions sur Sarrazeuil. Nous y serons plus proches des Brouchon, qui nous trouvent une solution économique : nous partagerons une maison au centre du village avec une famille de réfugiés alsaciens, les Straub. Il est musicien, elle peint. Ils ont un enfant de mon âge, Youki, tout à fait charmant, s'il n'avait la faiblesse de baver et le travers de griffer et de mordre. Personne n'est parfait.

Juillet s'écoule. On dit que les Alliés ont « percé » en Normandie. Les trains ne circulent plus. Le courrier arrive quand il peut. La fièvre monte. Mais rien n'a changé, rien ne bouge à Sarrazeuil écrasé sous le soleil. Le mail planté d'arbres centenaires est vide. La route blanche en contrebas ne fait que poudroyer, et nous ne voyons rien venir. Le curé, qui ne pense qu'à racoler, affecte de s'inquiéter de notre désœuvrement et parvient par je ne sais quel subterfuge à nous attirer au catéchisme. Ça ne dure pas. Il fait bien frais dans sa maison, mais on s'ennuie beaucoup plus à l'intérieur de l'église que dehors. Il ne se passera donc jamais rien ici ? Nous serions les seuls à être privés du spectacle en cours ? On dit pourtant qu'il y a des maquis dans les alentours. Mais où ?

On ne nous voyait plus qu'aux heures des repas. Marguerite Teille essaie de nous reprendre en main. Elle nous emmène en promenade avec madame Brouchon, les Straub et le Youki.

« Les Hindous ! Les Hindous ! » Heureusement, le bruit des moteurs s'entend de loin. Nous avons le temps de quitter la route et de nous dissimuler sous les couverts. Entre les fougères, nous apercevons quatre camions qui se suivent. Les plateformes sont découvertes. Des hommes vêtus de kaki, enturbannés de beige, assis dos à dos sur des bancs, font face à la route, l'arme à la main. Il y a plusieurs jours déjà qu'ils sèment la terreur et la haine dans la région. Ils sillonnent incessamment les routes mais n'osent guère s'aventurer sous bois. Ils brutalisent les paysans, pillent les fermes, volent les œufs, les poules, les moutons. Ils ont violé une jeune fille dans la côte de Montbernage. On dit que les Allemands emploient également des Arabes et des Sénégalais au maintien de l'ordre.

La guerre est parmi nous, maintenant. Même à Poitiers on assassine : un marchand de journaux, un dentiste, un médecin, collaborationnistes avérés. Des prisonniers, en représailles, ont été fusillés à la maison d'arrêt de Pierre-Levée.

Un matin, deux tractions avant et une camionnette s'arrêtent devant l'église dans un grand crissement de freins. Le capot, les portières et la carrosserie des trois véhicules sont ornés de V, de croix de Lorraine et portent l'inscription FFI, le tout tracé à la peinture blanche. Les hommes qui en descendent, armés de pistolets-mitrailleurs, de fusils et de revolvers, sont en bras de chemise et portent des brassards avec la même mystérieuse inscription. Les gens sortent des maisons mais restent à distance, silencieux et craintifs. Il n'y a que les enfants qui se bousculent pour regarder de plus près ces hommes, leurs voitures et surtout leurs armes. Monsieur Brouchon et le curé accourent tout essoufflés. Le commandant FFI – il porte une veste d'uniforme avec quatre galons sur l'épaule – leur fait part de ses intentions : il compte organiser une prise d'armes devant le monument aux morts et faire flotter le drapeau tricolore au clocher de l'église et au fronton de la mairie. Le prêtre et l'instituteur-secrétaire de mairie, pour une fois d'accord, le supplient de n'en rien faire. Les Allemands sont partout. En dix minutes, ils peuvent arriver de Poitiers. Veut-on que Sarrazeuil connaisse le sort d'Oradour ? Après une discussion orageuse, le commandant se borne à aligner sa quinzaine d'hommes et à les passer en revue sur le mail. Un clairon sonne « Aux morts », le petit détachement entonne *La Marseillaise* avant de rembarquer au grand soulagement de la population. La première « libération » de Sarrazeuil aura duré moins de deux heures.

Dans le milieu de l'après-midi, d'autres tractions avant noires et un camion dont la plate-forme découverte porte une mitrailleuse sur son trépied s'arrêtent devant la grille de la mairie-école. Ceux qui en descendent sont vêtus de pantalons et de chemises bleu foncé et portent incliné sur l'oreille un large béret noir orné d'un insigne. Ils tiennent leur mitraillette en sautoir et gardent le doigt sur la détente. Ils sont nerveux, la parole brève, l'œil aux aguets. Le chef porte constamment la main à l'étui de son pistolet comme s'il avait du mal à se retenir de dégainer. Il envoie un de ses hommes chercher l'instituteur. Monsieur Brouchon, qui se remettait à peine de ses émotions du matin, reconnaît un de ses anciens élèves : « Comment, c'est toi, Giraudeau ! » L'autre esquisse un rire gêné et se dandine d'un pied sur l'autre comme s'il était encore au tableau noir. « Mon pauvre gars, tu ne t'es pas choisi un beau métier... »

Le chef interroge monsieur Brouchon sans aménité, mais sans brutalité et sans conviction. « Les maquis sont venus. Combien étaient-ils ? Comment étaient-ils armés ? D'où venaient-ils ? Dans quelle direction sont-ils partis ? Où est leur campement ? » Monsieur Brouchon, sous le regard attentif de ses concitoyens, répond en peu de mots, avec force gestes évasifs et signes de dénégation visibles de loin. Lui qui d'ordinaire a le teint si coloré est très pâle. Mais l'autre, qui a sa religion faite, n'insiste pas et, du bras, commande à ses hommes de remonter dans leurs voitures.

« Dites à vos amis, lance-t-il avant de repartir, qu'ils ne perdent rien pour attendre. Nous reviendrons. Vive le Maréchal ! Vive la France ! Vive le Führer ! » La petite troupe repart aux accents joyeux de *La Madelon*.

Le lendemain dans l'après-midi, tous les habitants de Sarrazeuil sont sur le pas de leurs portes. La main en visière, tous regardent dans la même direction. Une épaisse colonne de fumée noire monte toute droite dans le ciel bleu, au-dessus de la forêt de Moulières. Personne ne bouge, personne ne parle, personne ne suggère d'aller éteindre l'incendie. Que s'est-il passé ou que se passe-t-il de si effrayant que même en plein jour une indicible terreur paralyse le village ?

— Ce ne serait pas du côté de Charassé ? lance enfin quelqu'un.

— Oui, c'est au château de La Roche, affirme madame Brouchon.

Ce n'est que vingt-quatre heures plus tard, sous la conduite de ces dames, qui nous ont enjoint avec gravité de ne pas les quitter d'une semelle, que nous sommes autorisés à nous rendre sur les lieux du drame.

Nous empruntons une large allée forestière au bout de laquelle on devine de loin la façade du château. Mais il n'en reste que les murs blancs. Les flammes ont tout dévoré. Plus de toit, plus de planchers, plus de plafonds. L'encadrement des portes et des fenêtres porte les traces noires du feu. Les gens errent dans l'avant-cour, encore plus effrayés qu'indignés. Ils parlent à voix basse comme s'ils craignaient le retour de la horde barbare ou comme s'ils avaient peur de réveiller les morts. Madame Brouchon, madame Straub et Marguerite

Teille se penchent l'une après l'autre sur la margelle d'un puits dont on nous interdit d'approcher. C'est ce qu'on ne voit pas qui fait le plus peur. On ne peut pas nous empêcher en revanche de ramasser des sachets de toile fine emplis d'une poudre noire à gros grains et d'une sorte de macaronis en caoutchouc synthétique : du matériel laissé sur place par les incendiaires.

Il paraît que les châtelains de La Roche abritaient depuis quelque temps déjà, plus ou moins à leur corps défendant, le maquis de Moulières. Ils ont été dénoncés. Un détachement de la Kriegsmarine, le régiment hindou et une cohorte de la Milice, venus de Poitiers, ont surpris tout le monde au gîte, en pleine nuit.

Jusqu'à la fin d'août, on n'entend plus parler du maquis.

Sarrazeuil, soi-même libéré

Les renforts allemands qui, en juin et juillet, montaient vers le front de Normandie, redoutables, ordonnés, passaient bien au large de Sarrazeuil, soit plus à l'ouest, par Angoulême et Poitiers, soit plus à l'est, par Périgueux et Limoges. Par la suite, la tâche du maintien de l'ordre, qui consistait pour l'essentiel à tenir en respect le maquis plutôt qu'à lancer des actions offensives de grande envergure, a été assurée dans la Vienne par le rebut du corps de bataille nazi : des Ukrainiens, des Russes de Vlassov, des Croates, le régiment hindou, des supplétifs français, qu'on a vus sillonner quand ils se sentaient en force les routes secondaires du département. À partir de la deuxième quinzaine d'août, c'est l'ensemble des forces d'occupation du Sud-Ouest, à l'exception des garnisons qui font le hérisson autour des grandes bases de sous-marins, Royan, La Pallice, Saint-Nazaire, Lorient, qui refluent précipitamment vers le nord-est pour n'être pas prises en tenaille entre les armées qui foncent vers la Seine et la Loire et celles qui remontent la vallée du Rhône. L'un des principaux itinéraires de repli, vers Châteauroux, Bourges et Auxerre, passe par Sarrazeuil et Bonneuil-Matours.

Pendant trois semaines, un flot ininterrompu d'hommes et de matériels traverse le village. Ce sont de gros camions camouflés recouverts de feuillages, des canons antichars montés sur pneus, des canons automoteurs, des automitrailleuses, des voitures de commandement, des fourgons énigmatiques. Mais aussi des soldats, toujours des soldats, à pied, poussant des vélos réquisitionnés ou entassés dans des voitures civiles tirées par des chevaux. Hagards, dépenaillés, couverts d'une crasse où la sueur a tracé des rigoles plus pâles, le visage rougi par le soleil, la vareuse dégrafée, ils font halte toujours aux mêmes endroits, sous le couvert des arbres du mail où ils s'étendent sur l'herbe, ou assis par terre, adossés au mur bas de l'école sur le toit de laquelle est déployé un drap blanc frappé d'une croix rouge. Le plus souvent, ils regardent droit devant eux, dans le vague, attendant passivement l'ordre de reprendre la route. Il y en a qui tirent de leur poche un harmonica et jouent pour eux-mêmes des airs mélancoliques.

Il paraît que tous ces Allemands ne sont pas allemands. Volontaires ou enrôlés de force, à les en croire, il y a des Vlassov, des Slovaques, des Croates. Les Autrichiens renient à qui mieux mieux Hitler, l'Anschluss, répètent à qui veut l'entendre qu'ils ne sont pas allemands, qu'ils ne l'ont jamais été, ne jurent plus que par Mozart et les Strauss, et voudraient se faire passer pour une espèce particulièrement à plaindre de « Malgré nous ». Poussières d'Empire. Allemands ou pas, tous, disent ceux qui tournent parmi eux et essaient d'engager la conversation, considèrent que la guerre est perdue. *Kaputt, kaputt,* c'est le mot à la mode. Beaucoup, même, parlent de déserter et quelques-uns, dit-on, sautent le pas, non sans hésitation, car ils se méfient terriblement des partisans. En tant que force constituée, ils ne semblent pas faire grand cas du maquis, lequel ne met nul obstacle à leur retraite. En revanche, ils vivent en permanence dans la peur de la mort qui les guette là-haut ; dans la mesure du possible, ils se camouflent le jour et ne reprennent leur mouvement qu'à la nuit tombée.

De jour, de nuit, la ronde ininterrompue des avions emplit l'espace de son bourdonnement. Dans la journée, on voit les flocons de fumée qui montent très haut dans le ciel à la rencontre de minuscules poissons d'argent et des leurres métalliques qui descendent lentement en tourbillonnant et en étincelant dans le soleil. Chaque nuit, de nos fenêtres, nous voyons le ciel rougeoyer du côté de Poitiers. On apprend que la gare et les maisons alentour ont brûlé.

Un soir, enfin, le feu d'artifice est tiré pour nous. Éclairs et roulements de tonnerre, juste en contrebas du village, sur la route de Tron. En dépit de nos supplications, on nous interdit absolument de sortir et même d'ouvrir les volets. Une fois de plus ce n'est qu'après l'événement, tard dans la journée suivante, que nous arrachons la permission d'aller voir.

Les Allemands, surpris par l'aviation au cours de leur déplacement nocturne, ont-ils cherché à quitter la route où ils étaient trop visibles pour gagner l'abri des premiers arbres ? Est-ce au contraire après le bombardement qu'ils ont poussé sur le côté les véhicules inutilisables pour dégager la route ? Le grand pré tout en longueur au bas de la côte disparaît sous un amoncellement chaotique de voitures, de camions, de side-cars, de canons consumés, tordus, réduits à leurs squelettes. Une bande de terre fraîchement remuée en bordure de la prairie, c'est une fosse commune, la seule tombe à laquelle auront eu droit les victimes du carnage. Il stagne là-dessus, lourde et comme indélébile, une odeur de graisse, d'huile brûlée et de je ne sais quoi qui est celle de la mort. Partout des casques, souvent troués, des fusils dont il ne reste que l'armature métallique, des balles, des douilles. Les adultes et les gamins de Sarrazeuil ont raflé tout ce qui était encore en état. Tel quel, le pré restera pendant des semaines le plus réaliste des décors de bataille.

Le flot qui encombrait les routes se raréfie, reprend par à-coups puis se tarit tout à fait. Il ne passe plus personne, et personne ne bouge : ce silence et ce vide, succédant à tant de bruit et de fureur, font peur. Enfin, la nouvelle tombe officiellement : Poitiers, déclaré ville ouverte, est libéré. Sarrazeuil peut célébrer en toute quiétude, pour la deuxième fois, sa libération.

Tout le village est pavoisé, et la population rassemblée sur le mail. Les maquis défilent sous les acclamations, une centaine d'hommes en tenue bleu marine, venus on ne sait d'où, derrière leur fanion. La chaleur monte avec l'après-midi, chez Tournat le vin coule à pleins tonneaux... Est-ce l'inspiration du moment ? La chose était-elle programmée ? C'est probable, puisque des barrières ont été disposées autour d'une des maisons qui bordent le mail en face de l'église. Comme obéissant à une consigne, la foule se masse derrière ces barrières qui la tiennent à distance. Un groupe d'hommes pénètre dans la maison. Par les fenêtres du premier étage, on jette des vêtements et des matelas. On aperçoit par intermittence des filles en cheveux qui se débattent et se défendent sous les éclats de rire et les injures de la foule. Pourquoi nous empêche-t-on encore d'avancer ? « Ce n'est pas un spectacle pour les enfants. »

Dans les jours qui suivent, bien des choses cachées se dévoilent. Tournat, Bernaudeau le charron, Rivardière le mauvais sujet se promènent dans les rues l'air important, le fusil en bandoulière. Ils peuvent maintenant révéler leur engagement dans la clandestinité. Il se dit que les Brouchon eux aussi... Ils ne confirment ni ne démentent. En tout cas, leur voiture retrouve ses roues et sort, encore vaillante, d'une léthargie de quatre ans. Les Straub n'étaient pas alsaciens mais juifs, et s'appellent en réalité Strauss. Tout le monde le savait, paraît-il. Nous ne le savions pas.

Les temps nouveaux amènent leur lot de chansons nouvelles. Par exemple, sur l'air langoureux et bien connu du *Chant du gardian* :

> « *C'est l'armée du maquis qui s'avance*
> *Refoulant l'ennemi de la France.* »

Et cette autre qu'il serait dommage de voir sombrer dans l'oubli :

> « *Et son papa lui achètera*
> *Une jolie mitraillette*
> *Et son papa lui achètera*

Une mitraillette en bois
Car il est du maquis
Et son papa aussi... »

Les Brouchon, comme bien d'autres, passent leur temps l'oreille collée au poste qui donne sans discontinuer des informations sur les deux thèmes importants du moment : les opérations militaires et l'épuration. Pétain, Laval, Déat, Doriot ? En fuite, mais ils ne perdent rien pour attendre, la justice du peuple saura les rattraper. La radio crachote également du matin au soir des nouvelles concernant des personnalités de moindre importance, ministres, préfets, généraux, amiraux, industriels, acteurs, chanteurs, écrivains, journalistes, suspects ou coupables – mais qui dit suspects dit alors coupables – d'avoir eu « des intelligences avec l'ennemi », les uns dûment incarcérés, en attente de jugement, d'autres disparus mais activement recherchés, d'autres déjà condamnés et exécutés ou sur le point de l'être. C'est ainsi qu'un beau jour le bon monsieur Brouchon se manifeste, tout en émoi et bien embêté. Il vient d'apprendre, si ce n'est lui-même, mais par un ami qui l'a entendu de ses oreilles, que Claude Jamet a été condamné à mort, pour trahison. Vérification faite, il s'avère qu'il s'agissait de Claude Jeantet, de *Je suis partout*, et que le jugement a été prononcé par contumace. C'est égal, en un temps où l'on ne fusille plus sans jugement, comme au XIXe siècle, pour des traces de poudre, mais pour des traces d'encre sur les mains, il y a cru un moment. Et nous aussi.

L'anarchie s'installe et se prolonge à Sarrazeuil. Au village, les enfants sont rois. Quoi qu'ils fassent, personne ne se hasarde à leur faire la moindre observation. Est-ce seulement parce que les adultes, et notamment les parents, ont la tête ailleurs ? On dirait qu'ils n'osent plus exercer une autorité qu'on pourrait bien leur contester, qu'ils ont honte de ce qu'ils ont fait et surtout de ce qu'ils n'ont pas fait. Et peut-être aussi qu'ils ont peur. C'est que les grandes personnes ne sont pas seules à se promener en armes. La bande à Péninon roule des épaules derrière son chef qui ne se sépare jamais de son casque intact et de son étui à revolver et qui proclame partout qu'il dispose de tout un arsenal en état de fonctionnement, même s'il se contente de n'exhiber que des simulacres inoffensifs. Mais le fait est que nous faisons brûler dans les bois les réserves de produits incendiaires récupérés après l'incendie du château de La Roche et le bombardement de la fin août, que nous dévissons les cartouches, et que nous jetons dans des feux de branchages la poudre et les douilles non percutées, à la grande terreur des gens raisonnables. Quand nous jouons au cerceau avec les couronnes de perles violettes fauchées au cimetière, des protestations s'élèvent, bien timides. Mais aucune autorité privée ou publique n'intervient lorsque la bande met le siège à la « maison des Parisiens », vaillamment défendue par mes deux frères et le Youki. C'est avec eux que je devrais être, mais puisque mes frères m'ont rejeté, puisqu'ils disent que je suis un traître, eh bien, je me retrouve dans le camp des péquenots, avec les péquenots, je suis un péquenot et j'assume mon passage dans l'autre camp, ça leur apprendra.

Après le temps des cerises est venu le temps des mûres. Les ronciers abondent en lisière des champs et des bois. Nous nous en sommes gavés. C'est maintenant au tour du raisin d'arriver à maturité et nous faisons des orgies de noah, ce cépage dont on trouve des pieds encore un peu partout autour de Sarrazeuil alors qu'il a été interdit en raison de ses effets hallucinogènes, liés à une trop forte teneur en éther. Nous sommes chaque soir dans un état second.

Pourtant, avec la fin de septembre, les choses rentrent dans l'ordre et les enfants de Sarrazeuil en classe, en laissant à la porte leurs équipements militaires. Nous qui restons au village sans fréquenter l'école, nous détonnons dans le paysage. Les Brouchon, imperceptiblement, changent. Parfois gentils, presque trop gentils et nous plaignant de subir les effets de causes où nous ne sommes pour rien. Parfois, ils ont l'air de se demander ce que nous faisons encore là. Quand ils nous pressent de regagner Paris, est-ce seulement pour notre bien ? Le constant effort qui les a portés pendant quatre ans au-dessus d'eux-mêmes retombe naturellement, non seulement parce qu'ils ressentent le poids de la fatigue accumulée mais parce que, pour eux, en somme, la guerre est finie. Ils vont pouvoir s'occuper un peu d'eux-mêmes. Pour nous, ils ont fait ce qu'ils pouvaient, ce qu'ils devaient, et bien plus encore. Ils se tiennent quittes. Le chapitre est clos.

Le père de ma belle-mère
n'est pas mon grand-père

Dans un premier temps, c'est *Germinal* qui le retenait à Paris, disait-il. Il était du reste partisan, à la mi-août, de réaliser et de mettre en vente le numéro en cours, au jour prévu pour sa parution, comme si de rien n'était, fût-ce dans Paris libéré. L'éditorial aurait appelé à la constitution d'un bloc unissant tous les Français, des communistes et des gaullistes aux collaborationnistes, d'un « Front commun de l'identité française ». Puisque la censure allemande à qui l'article avait été soumis l'avait rejeté il était *a contrario* à présumer qu'après le départ des Allemands il aurait la faveur du public. La proposition en avait été adoptée d'enthousiasme. Par malheur, au jour prévu pour le bouclage, le directeur politique de *Germinal*, aux abonnés absents, se trouvait sur la route, quelque part entre Nancy et Baden-Baden, la rédaction s'était égaillée comme une volée de moineaux, les bureaux du journal avaient été déménagés, le papier manquait, les premiers drapeaux tricolores flottaient sur les mairies de banlieue, la police parisienne entrait en insurrection et dans les imprimeries parisiennes les typos composaient les premiers journaux « libérés ».

Naturellement, il n'aurait pour rien au monde manqué le spectacle de la Libération. Jusqu'à la mi-septembre la poursuite des opérations militaires interdisait tout déplacement. Depuis la mi-septembre, la désorganisation de tous les réseaux de communication rend tout voyage aléatoire. Bref, puisque le commandant en chef n'a pas rejoint comme il l'avait promis son détachement précurseur et le gros de sa petite troupe, c'est à nous de rallier par nos propres moyens le quartier général. Faut-il dire que, s'il ne tenait qu'à nous, nous n'en ressentons pas le besoin ? Plus de quatre mois loin de Paris nous ont déshabitués de toutes contraintes : les chaussures, le travail, le français, l'enfermement. Nous sommes des petits paysans, et fort heureux de l'être. Des grandes vacances comme celles-là, on voudrait que ça ne finisse pas.

Heureusement, le pays, après avoir été livré quatre ans au pillage, a été ramené par la guerre au Moyen Âge. Ponts et viaducs coupés, routes et voies ferrées impraticables, matériel roulant et parc automobile détruits ou réquisitionnés par les uns ou par les autres interdisent pendant de longues semaines tout déplacement individuel qui ne bénéficie pas de passe-droit. Les transports militaires, le ravitaillement, le rapatriement des vrais réfugiés ont la priorité. Heureusement aussi, Marguerite Teille a gardé les deux pieds dans le même sabot. Ce n'est qu'à la mi-octobre qu'elle parvient à mettre au point notre voyage.

Nous faisons donc nos adieux à madame Bernier, à madame Giraud, aux Ferré, aux Brouchon, à Tron, à Sarrazeuil, où nous ne savons pas que nous ne reviendrons plus jamais vivre.

Au moment de nous quitter, madame Brouchon a une étrange idée, une idée méchante, une idée qui ne lui ressemble pas.

— Lequel des trois garçons vas-tu le plus regretter ? demande-t-elle à Françoise.

La blonde fillette nous examine longuement, réfléchit, compare, hésite.

— Oui, lequel aimais-tu le mieux ? reprend sa mère.

— J'aime bien Benjamin, dit-elle enfin, mais c'est Jean que je préfère.

Foudroyé, je découvre simultanément que je l'aimais et qu'elle ne m'aime pas, l'amour et le chagrin d'amour.

En gare de Poitiers, comme on dit par habitude – justement, il n'y a plus de gare, les bâtiments et la marquise ne sont plus qu'un souvenir, il n'y a que les quais et les voies, à perte de vue –, la foule en masse fait preuve de la même brutalité, du même égoïsme forcené, de la même sauvagerie, et les gens pris individuellement de la même délicatesse, de la même humanité, du même esprit de solidarité que depuis quatre ans. La collectivité est un monstre dont les composants, mystérieusement, ne sont pas monstrueux. Le train à peine formé et immobilisé est pris d'assaut et dans l'empoignade qui suit je reste sur le quai alors que Marguerite Teille et mes deux frères sont propulsés à l'intérieur du wagon où le trop-plein d'hommes et de bagages s'entasse et se tasse peu à peu dans les cris, les querelles, l'hystérie, les coups de coude et la résignation. Pas plus question pour ceux qui sont dans le train de rebrousser chemin pour venir me chercher que pour moi de percer le mur cyclopéen, hostile et compact, des voyageurs agglutinés ou plutôt emboîtés les uns dans les autres. C'est alors qu'une fenêtre du wagon s'ouvre, qu'on me hèle et que des mains secourables me hissent à l'intérieur d'un compartiment.

Le train sent le poussier, l'urine et la nourriture. À peine installé, un brave type ouvre sa mallette de fer étamé et distribue à la ronde des galettes de sarrasin fourrées à l'omelette. La première bouchée de l'horrible chose qui sent le cigare froid me donne la nausée et je reste des heures, ma galette entamée à la main, souriant au bonhomme qui s'inquiète : « Tu n'as pas faim ? — Non, je n'ai pas faim. » À la nuit venue, je peux enfin faire disparaître la crêpe rustique sous la banquette.

De Poitiers à Limoges, le trajet va prendre une vingtaine d'heures, ponctuées de deux transbordements. Non seulement le train hésite, zigzague comme un homme ivre, repart en arrière, s'immobilise sans explications, mais, à deux reprises, nous devons le laisser en plan et prendre nos bagages pour aller nous entasser dans le nouveau convoi qui nous attend de l'autre côté d'un viaduc bombardé qui n'est plus praticable qu'aux piétons. Je finirai le voyage assis sur le marchepied d'un wagon, les jambes pendant dans le vide, accroché à la barre de cuivre, sous le regard vigilant d'une grande personne inconnue.

Est-ce par obligation, par commodité, par affection, que Marguerite Teille a prévu de faire escale chez son père ? Si monsieur Teille est heureux, après une longue séparation, de revoir sa fille et de découvrir les enfants de son gendre, il fait preuve d'un grand empire sur lui-même, car il n'en témoigne rien. C'est un homme maigre, aux cheveux gris, au visage coloré par le grand air, mais austère et assombri par un veuvage encore récent. Il porte le costume à rayures noir et blanc du fonctionnaire et le béret traditionnel.

Ce percepteur socialiste qui assure depuis la Libération les fonctions de maire à Doire-sur-Vienne était pour le compte de la Résistance le responsable du noyautage des administrations publiques dans la Haute-Vienne. Jean Dumas, son collègue, qui était aussi son meilleur ami, a été fusillé par les Allemands au début de l'année, à Brantôme. Du reste le fils Dumas, Roland, est officieusement fiancé à Suzette, la sœur cadette de Marguerite. Quasiment notre oncle.

Quant à monsieur Teille, il est en somme notre grand-père par alliance, qu'il le veuille ou non. Le problème, c'est qu'il ne l'a pas voulu. Il n'a pas compris le départ de sa fille aînée pour Paris, il a condamné sa liaison, il a désapprouvé son mariage auquel il n'a pas assisté. Tout ce qu'il a entendu dire de la conduite de son gendre le lui a fait apparaître comme un personnage peu recommandable. Tout ce qu'il a appris de ses engagements politiques lui a paru condamnable. Il ignore d'ailleurs qu'il est grand-père pour de bon. Sa fille, en son temps, n'a pas osé lui annoncer la bonne nouvelle et, depuis, elle n'a pas eu le courage de lui avouer simultanément ce mensonge et sa maternité.

Toute une après-midi, sous la bruine, nous attendons qu'il soit statué sur notre sort, dans le petit jardin en pente où le vent d'automne fait pleuvoir des pommes acides. Sans doute Marguerite Teille plaide-t-elle sa cause et la nôtre devant le tribunal familial. Enfin, nous sommes admis à franchir le seuil de l'irréprochable pavillon en pierre meulière de monsieur Teille, à partager, tête basse sous la lampe, l'amer brouet limousin, et à dormir sous ce toit familial par alliance. L'achat, le lendemain, de trois bérets, de trois imperméables et de trois paires de sandales concrétise notre rentrée dans la civilisation sans marquer notre retour en grâce. Nous ne savons pas bien ce que nous avons fait, mais il est clair que nous ne sommes pas les bienvenus. Nous faisons à Doire-sur-Vienne, entourés de chuchotements réprobateurs, notre apprentissage de réprouvés. On ne nous demande pas de rester. Nous n'y tenons pas non plus.

Les portes du pénitencier

Il n'y a pour ainsi dire que des femmes dans ce wagon, et je crois bien y être le seul enfant, le premier de nous trois, il l'a souhaité, à lui rendre visite dans son nouveau lieu de résidence. Le plus souvent emmitouflées dans des manteaux informes, mais maquillées comme pour aller au bal, presque toutes portent le turban – c'était déjà la coiffure à la mode avant que vînt celle de tondre les femmes. Elles sont encombrées de colis, comme nous. À la station Croix-de-Berny, le train se vide. Et toute cette foule, lourdement chargée, de se mettre à courir, maladroite et pitoyable, sur les trottoirs bordés de tas de neige sale. Il paraît que, les premiers temps, des gens, de Fresnes ou d'ailleurs, faisaient la haie sur le passage des femmes de collabos pour les huer, ou leur cracher dessus, ou leur jeter des pierres. Avec l'hiver est venue l'indifférence, et il fait si froid que personne ne sort pour son plaisir.

La queue est déjà longue – ça n'en fait jamais qu'une de plus – quand nous arrivons devant les murs de la prison. On se pousse du coude, on se montre discrètement, d'un signe de la tête, Gaby Morlay, en fourrure, assise très droite sur un pliant. Elle est là pour Max Bonnafous, l'ancien ministre du Ravitaillement, son amant, et de voir que l'une des comédiennes les plus célèbres du moment donne l'exemple d'une fidélité tranquille à son homme rend courage et dignité au pauvre troupeau.

Quand la grande porte de fer s'ouvre enfin, d'un seul battant, un « ah ! » s'élève de la masse frigorifiée qui se précipite en avant et vient buter, dix mètres plus loin, sur une deuxième porte identique à la première et peinte d'un inimitable vert pisseux comme les murs écaillés et ruisselants d'eau. Il y a trois herses comme cela, que l'on franchit par paquets de dix, en montrant à chaque fois patte blanche – papiers d'identité et permis de visite –, à la deuxième on nous a délesté de notre colis qui a été soumis à une première fouille, plutôt négligente. Je ne sens plus mes mains ni mes pieds. Un gardien, cigarette au bec comme ses collègues, nous emmène enfin jusqu'à une grande salle dont le milieu est occupé par deux séries de cabines sans toit, séparées par un couloir où d'autres gardiens font les cent pas. Nous nous asseyons sur la banquette de bois, face à un guichet grillagé. De l'autre côté de l'allée centrale, la porte symétrique s'ouvre. Une silhouette peu discernable dans le contre-jour verdâtre et gris s'installe derrière son guichet. Le vacarme est assourdissant. Tout le monde hurle. Il faut donc hurler, comme tout le monde, les banalités et les secrets de l'amour ou de l'instruction. J'envoie un baiser. L'homme gris, de l'autre côté, en fait autant. Il fait nuit noire quand nous franchissons en sens inverse, de nouveau contrôlés, les trois portes de fer. Nous repartons dans la neige et la boue.

Il avait eu un avant-goût de ce qui l'attendait lorsque, du côté d'Ivry, au bras doré de Dora, il avait été arrêté par rencontre avant d'être libéré par erreur, dans le désordre des journées de la Libération. Des témoins avaient jugé suspect ce quidam qui n'arrêtait pas de sortir un stylo et un bloc de sa poche aux fins, sans doute, de renseigner les tireurs des toits – toujours les petits carnets. Par chance, ses geôliers d'occasion, après un interrogatoire sommaire, avaient bien voulu admettre qu'ils avaient affaire à un inoffensif graphomane et l'avaient relâché au bout de vingt-quatre heures. Depuis, il s'attendait chaque jour à recevoir de la visite, mais tout ce qu'il avait reçu, c'était, par la poste, son avis de suspension administrative préalable à sa comparution devant la commission d'épuration de l'enseignement. Aussi, comme d'autres avant lui, était-il passé de l'inquiétude au soulagement puis à l'espérance lorsque, le 7 novembre, deux messieurs en imperméable s'étaient présentés rue Vavin pour le prier fort civilement de les suivre. Les vacances de Noël viennent de commencer et il n'est toujours pas rentré.

Marguerite Teille se débrouille comme elle peut et se démène en tout cas entre la maison où les cinq enfants sont de plus en plus difficiles à tenir, aussi bien ceux qui ne peuvent se passer d'elle que ceux qui le voudraient bien – Marie-Claude a été rapatriée du Poitou et ne parle plus français, Josette nous a rejoints et ne parle pas encore –, les démarches auprès des juges, des avocats et des administrations également dépassés par la reprise du marché judiciaire, la recherche d'appuis et de témoins de moralité, et les cours de français-latin-grec qu'elle donne dans un cours privé où l'on a accepté qu'elle assure l'intérim de son mari « momentanément empêché ».

Celui-ci lui en a beaucoup de reconnaissance et dans sa gratitude il lui écrit des lettres bien honnêtes où, après l'avoir accablée de toutes sortes de demandes, de recommandations et de consignes, il lui écrit que maintenant elle est vraiment sa femme, sa Marguerite telle qu'il les aime, sa chérie et son unique amour. Mais le premier courrier qu'il avait eu le droit d'expédier du Dépôt – la correspondance des détenus est limitée, réglementée, dépouillée et censurée –, c'est à Dora, bien entendu, qu'il l'avait expédié, et celle-ci se fait un plaisir d'en distiller à sa rivale, par téléphone, les extraits les plus brûlants et de lui dire le souvenir qu'elle garde de ce merveilleux été 44 intégralement passé en tête à tête amoureux, de juillet à notre retour, avec Claude. Heureusement pour Marguerite Teille, le scoop était éventé. L'immeuble et les petits carnets avaient depuis longtemps parlé. On rêverait difficilement démonstration plus parfaite, à l'usage de tous et de chacun, qu'on ne se refait pas.

Au fait, que lui reproche-t-on ? Essentiellement deux éditoriaux d'un ton violent parus dans *Germinal*, les deux seuls articles directement politiques qu'il ait rédigés en plus de trois ans, « *Bombing parties* » et « Heure H moins cinq », le premier dirigé contre la folie meurtrière des bombardements sauvages qui détruisent nos villes et leurs habitants, le deuxième très opportunément publié trois jours avant le débarquement, où il vitupérait les imbéciles qui se réjouissaient de voir la France redevenir un champ de bataille. Il est clair, en décembre 1944, qu'il aurait mieux fait de garder ses idées pour lui, quelque part entre son bonnet et sa barrette. À sa demande, Marguerite Teille nous les fait lire.

Je ne puis même concevoir qu'il se soit trompé, moins encore qu'en se trompant il ait pu nous fourvoyer. Je ne l'ai jamais vu qu'entouré d'élèves admiratifs, d'amis approbateurs ou de femmes complaisantes. Je ne l'ai jamais vu ne pas avoir raison, à la ville, aux champs, à la maison. Qu'a-t-il fait de mal et que lui veut-on ? Pourquoi lui en veut-on ? Pourquoi nous fait-on du mal ?

Je ne veux plus sortir du rêve

La moindre moquerie, la moindre vexation, la moindre agression, il y a des peaux sur lesquelles tout laisse une marque et une trace. Il est trop tentant de frapper ou de pincer. Il est des cœurs qu'un rien blesse et fait saigner. C'est un plaisir de leur faire de la peine. Il y a des yeux auxquels viennent si facilement les larmes. Et il y a des gens qui aiment les voir couler. Je croyais que les méchants n'existaient que dans les livres. J'ignorais le mot qui fait mal, le mot qui tue, et quand on me flanquait un coup de pied sous la table, persuadé que c'était par inadvertance, je demandais bien poliment pardon. J'allais les yeux doux, le sourire naïf, et je me faisais taper dessus.

Nous sommes rentrés au lycée Montaigne, et le lycée Montaigne est rentré dans ses murs, que je rase. Ce qui nous arrive n'est pas quelque chose dont on parle. La preuve ? Personne ne nous en parle et nous n'en parlons à personne. La honte nous scelle les lèvres. La honte s'est accrochée à moi et ne me lâche plus. Des années plus tard, je découvrirai que tout au long de ma scolarité j'ai côtoyé des camarades dont le cas – je veux dire celui de leur père – était comparable au nôtre, et souvent bien plus grave. Enfants de ministres, de banquiers, de hauts fonctionnaires, de notables, de journalistes, de militants politiques, de policiers, de miliciens, aucun, jamais, jamais, n'en a fait état, aucun n'a cherché à se rapprocher de ceux de ses condisciples qui étaient marqués du sceau invisible et infamant de la même expérience. Tous ont porté leur fardeau dans le silence et la solitude.

Chaque fois que j'ai affaire à un professeur, je me demande s'il sait ou s'il ne sait pas. Il y en a, c'est sensible, qui ont pour nous les prévenances que la délicatesse consent au malheur. Il y en a, c'est palpable, qui n'estiment pas indigne de faire payer aux fils les fautes des pères. Le surveillant général, qui n'a pas changé depuis 1941, n'est plus du tout le même. Il n'était d'indulgence qu'il n'eût, d'arrangement qu'il ne consentît. Il traque maintenant avec une férocité toujours aux aguets nos retards, nos absences, nos écarts. Il me convoque dans son bureau et prend plaisir à me terroriser. Nous étions les enfants d'un membre du corps enseignant, d'un journaliste en vue, d'une personnalité, nous ne portons plus que le nom d'un paria. Cette brute est un lâche, dans toute l'extension du terme. Au tournant de l'année, l'offensive von Rundstedt, ce dernier coup de boutoir des Allemands, comme d'un sanglier, dans les Ardennes, fait souffler un vent de panique sur Paris. Tandis que des milliers de détenus espèrent un miracle de l'Histoire ou redoutent le massacre des prisonniers, nombreux sont ceux qui, à tous les échelons de l'administration, supputent ce que pourraient être les conséquences d'un retour de balancier. Pendant dix jours, notre bourreau en est tout ramolli. Les Allemands cèdent le terrain conquis et il retrouve sa superbe.

Le lycée, les journaux, la radio, la voix publique multiplient les cours de rattrapage à l'intention des nombreux attardés qui n'ont rien compris à l'histoire qu'ils viennent de vivre. Les sorcières de *Macbeth* sont chargés de cours. Le vrai devient le faux, le faux devient le vrai, le Bien était le Mal, le Mal était le Bien. Le IIIe Reich, dont les soldats casqués mouraient pour défendre l'Europe, n'était qu'une hydre monstrueuse dont il fallait au plus vite couper les têtes sans cesse renaissantes. L'URSS n'est plus l'effrayante incarnation du bolchevisme assassin, mais notre amie, notre alliée. Les États-Unis et la Grande-Bretagne ne symbolisent plus le complot capitaliste et judéo-maçon, ne sont plus automatiquement identifiées à Wall Street et à la City, mais sont les grandes démocraties qui ont sauvé le monde. De Gaulle n'est plus un guignol, un factieux, un criminel, mais l'orateur sublime du 18 juin, l'homme du destin, le libérateur de la patrie. Les partis disparus, révolus, interdits, honnis ont pignon sur rue et se partagent le pouvoir. Nous apprenons simultanément l'existence, les noms et les hauts faits des puissants du jour. Bidault, Schumann, Gouin, Pleven, Marty, Duclos, Thorez, Leclerc, Kœnig, de Lattre, renvoient aux oubliettes en passant par les poubelles Déat, Doriot, Henriot, Darnand ; le PCF, la SFIO, le parti radical, le MRP succèdent au PPF et au RNP. Les terroristes étaient des résistants, les forces du maintien de l'ordre un ramassis de tortionnaires, les bandits des héros et les héros des criminels. Le maréchal Pétain n'est plus que le vieux traître, le président Laval le traître Laval, les ministres sont en prison, les amiraux au trou, les généraux en taule, les préfets en cellule, les académiciens privés de leur bicorne, la littérature, le théâtre, le cinéma décapités. La totalité de la presse a disparu dans un gouffre d'où ont surgi, radieux, les hommes et les titres de la presse libérée. Jamais, de mémoire d'enfant, révision ne fut plus rapide et plus radicale.

Pour Noël, Marguerite Teille nous a offert trois petites lampes de chevet. Chaque soir désormais nous disparaissons tous les trois sous les couvertures, chacun avec sa lampe allumée, au risque de mettre le feu aux draps. Mon lit est une grotte, une tente, un igloo qui me protège de la misère et de la laideur du monde. Il y fait chaud, il y fait clair, je lis à me crever les yeux. Je ne sais pas, je ne sais plus l'heure. Somnambule du matin et du soir, je traverse les deux crépuscules les bras étendus, les yeux ouverts comme un dormeur éveillé. Je suis la bordure des trottoirs, attentif à ne pas marcher sur les lignes transversales qui séparent chaque bloc de granit. Je parle tout seul. Je ne sais pas où je suis. Chaque nuit, je vais au lycée, je cours ou plutôt je vole dans les escaliers, je saute les marches par volées de vingt-cinq, je suis libre. L'igloo, les livres, la nuit deviennent ma vraie vie. J'essaie désespérément de prolonger la nuit que le jour va chasser, j'attends l'heure de notre rendez-vous, je lutte comme je peux, vainement, pour préserver ou retrouver l'enfance que la vie m'a volée. Je ne veux plus sortir du rêve.

Mes professeurs n'y comprennent rien. Ils notent avec consternation un « défaut d'application » qui n'est peut-être pas sans rapport avec la « baisse du niveau et des résultats ». Il est vrai que lorsqu'ils me prennent en défaut et m'interrogent, ils n'obtiennent pour toute réponse qu'un silence stupide et consterné qui les irrite. Mais quoi, je ne vais pas leur raconter ma vie, mon cahier de textes perdu, pas d'argent pour acheter un compas, *a fortiori* de l'encre de Chine ou une tenue de sport, mon père à Fresnes et la laideur du monde. Je me tais. Les colles pleuvent. Puis les avertissements : les premiers, que suivent d'assez près les derniers. Pris en tenaille entre la pression croissante du lycée et la débâcle domestique, je m'affole. Alors que les papiers émanant du lycée et confiés par un raffinement sadique à mes soins s'entassent dans le bas de mon armoire, je franchis le Rubicon. Sur la page *ad hoc* de mon carnet de correspondance, je me livre à la transgression suprême, j'imite au bas d'une note comminatoire de l'administration la signature paternelle. L'exercice n'est pas bien difficile, un jeu d'enfant, si j'ose dire. Que me passe-t-il alors par la tête ? J'ajoute au bas du modeste chef-d'œuvre qui se suffisait fort bien à lui-même une jolie petite échelle qui signe mon crime. La chose est si grosse que tout le monde finit par en rire, y compris mon père.

Libéré le 15 février 1945, il a réintégré ses pénates après une absence moins longue que celle d'Ulysse, mais il n'y a pas de déesse Athéna pour le prendre sous son égide, adoucir son amertume et lui rendre sa jeunesse. En apparence, il n'a pas changé. Les événements ne lui ont pas donné raison, il leur donne tort, non, rien de rien, il ne regrette rien et il passe des heures à expliquer l'étendue du fossé qui sépare un collaborationniste, un idéologue aux mains pures – lui par exemple – et un collaborationniste qui n'a pas hésité à tremper – tant pis pour lui – ses bras dans le sang et le cambouis. Mais le cœur n'y est plus. Quelque chose s'est brisé en lui, trop habitué aux félicitations pour supporter le blâme civique dont il est pour la première fois l'objet, révoqué de l'Éducation nationale, inscrit sur la liste noire des écrivains maudits par les défenseurs institutionnels de la liberté et partisans inconditionnels du « Pas de liberté pour les ennemis de la liberté », il se voit interdire les deux activités qu'il aime et où il excelle : enseigner et écrire. Parvient-il à s'enrôler dans les rangs de la mission de rapatriement des prisonniers français en URSS – et du coup il retrouve avec un bonheur d'enfant son calot, ses galons, son stick et ses leggings – un entrefilet efficace et vengeur de *L'Humanité* le signale à l'attention défaillante du ministère de la Guerre. Quant à sa vie privée, le nouveau foyer qu'il a prétendu fonder et qui n'a jamais été qu'une mauvaise plaisanterie vole en éclats alors même que Dora lui échappe. Tous les compteurs sont revenus à zéro.

Le 1er mai 1945, il neige sur Paris. Le 8, le printemps éclate et fait voler à travers la capitale les fleurs des marronniers au moment où la nouvelle de la paix se répand comme une traînée de poudre. À l'hôpital où j'ai été emmené et opéré d'urgence vite fait bien fait mais sans anesthésie, quelques points de suture pour une plaie ouverte à la jambe – une bagarre stupide, un coup de pied malheureux –, les internes et les infirmières font la fête. Paris est en fête. La France est en fête. Pourquoi ne puis-je partager cette joie ?

III

1945-1999

On ne voit pas le temps passer

Mon père n'avait pas raison

Mon père est mort il y a sept ans. Il en avait quatre-vingt-trois. Socialiste sous François Mitterrand comme il l'avait été sous Léon Blum, comme il l'était resté, *in partibus infidelium*, sous l'Occupation, comme il l'aurait été sous Lionel Jospin ou tout autre mannequin peint en rose. Pacifiste intégral, pacifiste intégriste jusqu'au bout, adversaire résolu de notre participation à la guerre du Golfe comme il l'avait été de l'intervention en Espagne, comme il l'aurait été de notre ingérence au Kosovo, comme il avait été favorable aux accords de Munich, opposé à notre entrée en guerre en 1939, soulagé par l'armistice en 1940, hostile à la Résistance, partisan de la paix en Indochine, de la paix en Algérie et de la paix au Vietnam. Fier de n'avoir jamais trahi ses idées, arc-bouté sur la conviction d'avoir eu raison, muré dans des certitudes devenues à peu près incommunicables. Il soutenait *mordicus* n'avoir jamais dévié de sa route, et il le croyait. Il me semble plus conforme à la vérité de dire qu'il a constamment suivi sa logique sans jamais quitter ses œillères. Il est vrai qu'il est toujours allé droit devant lui, et au début il était loin d'être seul sur ce chemin, mais sans y voir plus loin que le bout de son ego, et sans considérer où le menaient ses pas. Heureux les borgnes, car le royaume des aveugles leur appartient.

L'intellectuel, l'homme à idées, et plus encore peut-être si son cœur penche à gauche et bat pour l'utopie, ne peut admettre que les faits aient le mauvais goût d'infirmer ses raisonnements. Or, mon père était un intellectuel de gauche comme on n'en fait plus ces derniers temps.

D'origine petite-bourgeoise, il s'est toujours voulu proche du peuple, du côté du peuple, ami du peuple – entendez bien sûr de la classe ouvrière. Ce n'est pas, ce ne fut, ce ne sera jamais la même chose que d'en être. Patrons, paysans et ouvriers savent bien qu'au XXe siècle la condition prolétarienne n'est ni une vocation, ni un choix, ni un statut dont il y ait lieu de tirer une quelconque fierté, mais un malheur et un échec subis et vécus comme tels. Depuis que Dieu est mort, il n'y a jamais eu que les intellectuels bourgeois pour s'autoflageller en expiation d'un péché où ils n'étaient pour rien, rendre un culte aux prolétaires et rougir de ne pas l'être. Mon père, représentatif en cela de sa génération et de sa classe, avait pris une fois pour toutes le parti de ceux qui nimbèrent le prolétariat d'une dignité largement abusive et l'investirent d'une mission totalement imaginaire. Comme tant d'autres intellectuels de gauche de son temps, moins cynique et moins réaliste que le nôtre, s'il a toujours aimé le « peuple », ce ne fut jamais que par principe, en général, et de loin. Sa foi était d'autant plus ardente et chevillée à sa vie que l'idole devant laquelle il se prosternait était plus exotique et plus mythique. Sa fibre populaire était cent pour cent sincère en même temps que cent pour cent artificielle.

De gauche, quoi qu'il en soit, « viscéralement », disait-il, jusqu'à la mort et jusqu'à la caricature : en grève le 9 février 1934 contre les Ligues factieuses, adhérent du Comité Amsterdam-Pleyel, membre du bureau du Comité de vigilance des intellectuels antifascistes, enthousiaste militant du Front populaire, secrétaire de la section socialiste SFIO de Poitiers, secrétaire fédéral de la Vienne, rien ne semblait prédisposer le jeune professeur dont le nom et les actes faisaient entrer en transe la bourgeoisie pictave, le jeune révolutionnaire qui, sur les marches de l'Hôtel de Ville, à l'âge où l'on hésite entre Blédine et Phosphatine Fallières, nous faisait bravement lever le poing et entonner *L'Internationale* et *La Jeune Garde*, à se retrouver sur une longueur d'ondes voisine et bon gré mal gré dans le camp de Brasillach et de Bardèche, ses camarades de promotion, cothurnes et adversaires politiques à l'École de la rue d'Ulm.

L'ignorance, la mauvaise foi, le sectarisme, la version officielle de l'Histoire et le temps faisant leur œuvre simplificatrice, on a oublié et l'on ignore généralement aujourd'hui à quel point la collaboration, elle aussi, a pu être plurielle. Ce n'est pas sur la base d'une sympathie *a priori* pour l'Allemagne, pour le fascisme ni même d'une lâche soumission à la force que des pans entiers de la droite, de la gauche et de l'extrême gauche française ont été tentés de basculer dans le mauvais camp et ont, plus ou moins, cédé à cette tentation. On ne peut rien comprendre aux comportements ni aux choix de la France, en tout cas d'un très grand nombre de Français dans les années vingt, trente et quarante, on ne peut rien comprendre au parcours et aux évolutions d'un Briand, d'un Laval, d'un Déat, on ne peut rien comprendre à la force du courant pacifiste, transcendant les clivages partisans, si l'on oublie le poids terrible de 14-18, de ses ravages matériels et politiques dans les faits, les consciences et les mémoires, si l'on occulte la puissance du « plus jamais ça », si l'on ne fait pas entrer en ligne de compte le refus de la grande boucherie et d'une nouvelle guerre, quinze ans, vingt ans après le grand massacre et de la « der des ders ». On ne peut rien comprendre à l'attitude et aux dérives d'un certain nombre d'intellectuels français, en tout cas de mon père, si l'on ignore ou si l'on sous-évalue l'influence morale et politique du professeur et philosophe Alain. Son élève à Henri IV, et aussitôt converti, mon père aura été, de 1928 à 1993, le disciple inconditionnel du Maître.

La guerre, enseignait Alain, est le mal absolu. La guerre porte la dictature, l'horreur, l'épouvante et le deuil. Elle est la négation et la mort, physique et morale, de l'homme. Mieux vaut, donc, la paix que la guerre. Nul n'en disconviendra. Mieux vaut l'armistice que la guerre. Pourquoi pas ? Mieux vaut la capitulation que la guerre. Si l'on ne peut pas faire autrement. Mieux vaut l'occupation que la guerre. Mieux vaut la servitude que la guerre. Fort bien, mais si la capitulation apporte le fascisme, la terreur, le massacre, tous les maux de la guerre, avec la honte en plus ?

230

La paix à tout prix ? Au prix de la reculade. Au prix du déshonneur. Au prix de la défaite. Soit. Cela se tient. C'est logique. Cohérent. Courageux d'une certaine manière, intellectuellement, en dépit des sarcasmes et des condamnations. Mon père s'est tenu toute sa vie à cette position simple et définitive : on n'est pas un peu contre la guerre, pas plus qu'un peu contre la peine de mort. On est pour ou on est contre, et l'on ne transige pas.

Antifranquiste, donc, mais opposé à l'intervention en Espagne, antifasciste, bien sûr, mais hostile aux sanctions contre l'Italie. Antinazi, évidemment, mais partisan de Munich. Patriote et pacifiste. Mais plus pacifiste que patriote. Certes, il avait tenu, pour ne pas perdre l'estime de soi, à faire la guerre, bien que classé PR (Propagande révolutionnaire), mais l'étrange défaite, la terrible défaite n'avait fait que le conforter dans l'idée que toutes les guerres sont des folies et que celle-ci, de plus, avait été une erreur. Cette grande, cette immense question : « guerre ou paix ? » avait envahi son horizon mental, et la réponse qu'il lui donnait à la suite d'Alain : « Tout plutôt que la guerre » excluait toute autre considération, et d'abord celle du plus élémentaire bon sens, de la plus élémentaire humanité. La vieille lune du pacifisme intégral lui cachait le soleil de la réalité. Cet homme n'a ni tué, ni torturé, ni dénoncé. Il n'a revêtu ni l'uniforme feldgrau, ni la tenue bleu de nuit de la Milice. Il n'a pas endossé la panoplie paramilitaire des partis et des Ligues de la collaboration extrême. Il n'a pas couché avec l'Allemagne, comme Brasillach ou Cocteau, ni avec des Allemands, comme les femmes de grand amour ou de petite vertu. Il n'a pas joué, dansé ou parlé pour des auditoires allemands. Il n'a pratiquement pas rencontré d'Allemands, en tout cas il n'en a pas fréquenté. Il n'a pas servi les Allemands aussi directement qu'un fonctionnaire d'autorité, un préfet, un gendarme, un policier, un typographe ou un garçon de café. Il n'a pas participé à l'effort de guerre allemand comme l'ont fait, volontaires, consentants, contraints, requis, les industriels, les ingénieurs, les ouvriers de l'aéronautique, de l'automobile, de la sidérurgie, les membres de l'organisation Todt, les cheminots, les mineurs. Il n'a pas nourri ni abreuvé les Allemands comme les restaurateurs, les limonadiers, les viticulteurs et les paysans. Il ne s'est pas enrichi grâce aux Allemands ni engraissé sur leur dos comme les trafiquants, les margoulins, les galeristes et les antiquaires. Il a prétendu garder les mains propres, dans une époque sale. Il ne s'est pas déshonoré.

Ce qu'il a fait, c'est-à-dire ce qu'il a écrit et publié, n'a jamais relevé que de l'idéologie. Une longue éclipse totale lui faisait voir la nuit en plein jour. On tombe toujours du côté où on pense.

Ainsi s'est-il accroché, quatre ans durant, à l'idée que cette guerre était dépourvue de sens, alors même que le sens en devenait d'année en année plus aveuglant. C'était jouer avec les mots. L'évidente absurdité de la guerre, en général, n'empêchait nullement celle-ci en particulier d'avoir une signification. D'un point de vue universel, la liberté ou la tyrannie, d'un point de vue historique, l'humanisme ou la barbarie, d'un point de vue français, l'espérance ou la mort.

Ainsi a-t-il fait comme si. Comme si le but de guerre du fascisme n'était pas d'établir le fascisme partout et comme si celui des démocraties n'était pas de mettre partout fin au règne du fascisme. Comme si faire la révolution – qu'elle soit nationale, comme en 1940, ou socialiste, comme en 1871 – n'était pas d'une criminelle irresponsabilité quand on ne peut la faire et qu'on ne la fait que dans un pays vaincu et occupé, sous le regard, avec la bénédiction et à la plus grande satisfaction du vainqueur et de l'occupant. Comme si s'opposer à la guerre avait le même sens et les mêmes conséquences avant que la guerre soit là et après qu'elle a eu lieu. Comme si les mots, les discours, les articles, les prises de position avaient la même valeur quand ils sont libres et quand ils ne le sont pas. Comme si au ciel des idées il n'y avait jamais de circonstances.

Il est vrai qu'en 1941 il croyait la guerre terminée. Il est vrai qu'il pensait, comme le maréchal Pétain et comme tout le monde, que la France n'avait qu'à faire le gros dos sous l'orage avant de se relever comme la Prusse après 1806, et que M. Hitler, le chancelier Hitler était un homme politique comme un autre, un nouveau Bismarck juste un peu plus brutal avec lequel on devait causer, on pouvait négocier et on finirait par s'entendre.

Il s'est trompé alors. Tout le monde peut se tromper. D'ailleurs tout le monde s'est trompé, à l'exception du fou, à Londres, qui disait non. Erreur de pronostic. Erreur de diagnostic. Erreur humaine. Mais comment a-t-il pu, fût-ce par le biais d'un silence indifférent, d'une complicité passive, franchir le petit pas qui conduit de l'erreur intellectuelle à la faute morale ? Ce petit pas, cet abîme, ses amis lui ont dit et je demeure persuadé comme l'était madame Brouchon il y a cinquante ans que, Marguerite – la vraie – vivante, il ne l'eût pas franchi. Elle était sa maîtresse, son amie, son épouse, sa mère, son étoile, son môle et son ange gardien. Elle avait de l'âme pour deux. Je veux croire qu'elle ne l'eût pas accepté et même qu'elle ne l'eût pas permis.

Mais lui, comment a-t-il pu voir partir pour les prisons, les camps, le poteau, des condisciples de Charlemagne, des voisins du Sentier, des camarades de promotion de Normale, des compagnons du Front populaire, des amis d'enfance, de jeunesse, de parti, sans s'en émouvoir, sans s'en indigner, sans être pris d'une de ces salutaires nausées qu'on baptise très justement des haut-le-cœur ? Comment, socialiste, antifasciste, est-il resté sans voix, sans cri, sans révolte devant Guéhenno rétrogradé, Rivet et Langevin révoqués, Mauriac silencieux, Malraux interdit, Blum enfermé puis déporté, Georges Politzer, Jacques Decour fusillés, Marx Dormoy assigné à résidence puis assassiné, Georges Mandel, Jean Zay incarcérés puis assassinés ? Comment, antiraciste, internationaliste, a-t-il pu supporter l'abrogation de la loi Marchandeau, l'annulation des naturalisations postérieures à 1927, les interdictions professionnelles, le couvre-feu, le statut, les rafles, et l'étoile jaune cousue sur les poitrines ? Comment a-t-il pu fermer les yeux sur les affiches immondes qui dénonçaient la perversion des milieux du spectacle par les juifs, sur les expositions ignobles qui prétendaient fonder l'antisémitisme sur la biologie et la morale, sur les affiches odieuses qui assimilaient la Résistance et la « pourriture cosmopolite » ? Comment, pacifiste et ennemi de la violence, a-t-il pu faire fût-ce un bout de chemin aux côtés d'Aryens bottés vils adorateurs de la force ?

Comment il a pu... C'est ce que je ne peux avaler et que je ne sais que trop. J'ai vu, la France entière a vu, sorti du même moule, bâti sur le même modèle, pétri du même limon, un Jean-Paul Sartre, son archicube et son aîné de quelques années, porter au-delà des limites du tolérable et du vraisemblable la capacité d'abstraction, d'aveuglement et de mauvaise foi de l'intellectuel français. Normalien, humaniste, célèbre, respecté et suivi dans le monde entier, Sartre a pu tout au long de sa vie nier la nature, la réalité et les crimes d'un régime de terreur et d'oppression parfaitement connu de lui au nom de considérations supérieures et persévérer dans l'erreur et le mensonge sans jamais faire acte de repentir, de contrition ou de rétractation. Et tout cela pour ne pas aboyer avec les chiens, pour ne pas désespérer le « peuple » en prenant Billancourt bille en tête. Mon père n'est jamais allé aussi loin que Sartre dans le déni de la morale et de la vérité, mais il n'a jamais eu lui aussi qu'un rapport lointain et faux avec la réalité. Il a traversé l'Occupation et la vie sans un regard pour ce qui n'abondait pas dans son sens. Il n'a jamais vu que ce qu'il voulait voir.

En 1963, nous participions tous les deux, animés du reste d'un esprit bien différent, lui en spectateur, moi comme journaliste, lui sympathisant de l'Algérie nouvelle, moi nostalgique de l'Algérie française, lui pas encore vieux, moi pas encore mûr, au premier voyage touristique organisé de l'autre côté de la Méditerranée depuis l'indépendance. Je crois qu'il n'y en eut pas d'autre, ou guère. Notre petit groupe était à peu près exclusivement composé de porteurs de valises, de compagnons de route, à tout le moins d'admirateurs inconditionnels du FLN, plus décidés les uns que les autres à positiver. Comme nous regagnions Alger après avoir visité Tipasa, notre autocar longea sur plusieurs centaines de mètres une longue file de carcasses de voitures calcinées et poussées dans le fossé, vestiges assurément d'un drame, combat, embuscade, attentat, ou restes, simplement, de l'exode tragique et précipité des pieds-noirs. Je demandai des explications à notre guide qui les remit fort aimablement à plus tard, accaparé qu'il était par son commentaire sur les superbes orangeraies, de l'autre côté de la route, dont il attribuait l'impeccable alignement, le rendement élevé et les fruits dorés, magnifiques dans le soleil couchant, à la récente nationalisation de ce grand domaine colonial. Je tentai en vain d'attirer l'attention de mon père sur le spectacle qui m'avait intrigué. Plus tard à l'étape, il apparut que les oranges, étrange phénomène optique, lui avaient caché les voitures comme aux autres passagers du car.

Un mauvais choix est-il un crime ? Mon père a traîné toute sa vie le poids de son engagement sous les couleurs perdantes, condamné, même réintégré dans l'enseignement, à végéter pendant trente ans dans l'obscurité des classes secondaires d'un lycée de banlieue, intellectuellement, socialement, politiquement et personnellement cassé et marginalisé.

Si aberrant ou contestable que puisse être jugé un engagement résultant de convictions, il passe généralement pour plus respectable que s'il était dicté par l'intérêt, l'ambition ou la peur. Mais il est également tenu pour plus coupable et plus punissable. Tel est l'hommage ambigu que notre siècle a rendu au pouvoir des mots et des idées. Du fait qu'il est censé montrer le chemin, l'intellectuel est considéré comme particulièrement coupable s'il indique la mauvaise direction. La jeunesse, la vanité, les circonstances ont conduit mon père à se mettre en vedette quand il aurait mieux fait de rester dans l'ombre. L'orgueil et l'esprit de logique l'ont amené à assumer, à revendiquer et même à glorifier sa démarche comme étant la seule juste quand la prudence et l'habileté auraient dû l'inciter à se renier et à se repentir. Mais il n'était assurément de la race ni des malins ni des opportunistes. Personne n'a fait plus et mieux que lui pour briser sa propre carrière. C'est pourquoi il a payé le prix fort. Pour lui, il n'y a jamais eu d'amnistie. Les chiens de garde de la bureaucratie et de la politique ont les dents et la mémoire longues.

Comme le chien de l'Écriture à son vomissement – l'image, naturellement, ne vaut pas comparaison – il était revenu à son cher parti dès l'instant que son cher parti lui sembla être revenu à la pureté des origines. C'était en 1971, après le Congrès d'Épinay et la métamorphose de la vieille SFIO en PS sexy et court-vêtu. Son cœur n'avait jamais cessé de battre pour le socialisme et il reprit sa carte avec bonheur.

En juin 1995, deux ans, donc, après sa mort, j'attendais dans le hall 9 de Roissy le départ du vol spécial Paris-Toulouse. C'est à Toulouse que, reprenant sous bénéfice d'inventaire une tradition inaugurée par Mitterrand, Lionel Jospin tenait son dernier meeting avant le deuxième tour de la campagne présidentielle. Un homme m'aborda et se présenta comme un des cadres de la section socialiste du Ve arrondissement de Paris, celle où mon père avait milité tant qu'il en eut la force, près d'une vingtaine d'années. « Ah, monsieur, me déclara ce personnage, je suis heureux de vous voir pour pouvoir vous dire à quel point nous tous à la section on appréciait et on écoutait toujours avec intérêt votre père. J'ai toujours regretté qu'on ne lui ait pas confié une responsabilité officielle. Mais évidemment, avec son passé, vous comprenez... » Si je comprenais ! C'est uniquement parce que François Mitterrand n'avait rien eu à faire ni de près ni de loin avec Vichy qu'il avait pu devenir premier secrétaire du PS puis président de la République. S'il n'en avait pas été ainsi, il va de soi que l'incorruptible section socialiste du Ve, où il demeurait, lui aurait barré la route de la cité Magenta puis de l'Élysée.

« Parce que les pères ont mangé des raisins verts, les enfants auront les dents agacées. » Autrement dit, les enfants paient les fautes de leurs pères. C'est injuste, mais c'est ainsi, depuis toujours. La vie présente aux héritiers les notes non réglées, les dettes et leurs arriérés. Ce que mes frères et moi avons pensé, ce que nous sommes devenus, ce que nous sommes, les voies que nous avons suivies, parfois pour le meilleur et souvent pour le pire, parfois par imitation, parfois par réaction – et ce disant je songe aussi bien à nos choix personnels qu'à nos choix politiques –, a son origine secrète, son noyau brûlant et caché dans ce que notre père a vécu et nous a fait vivre. Au début des années cinquante, bien avant de réintégrer la vieille maison, il s'était toqué de Pierre Mendès France et de son expérience. Il s'étonna sincèrement et se scandalisa que pour la première fois ses trois fils, alors adolescents, ne partageassent pas ses vues et son enthousiasme. Il refusait de voir qu'il ne faisait que récolter ce qu'il avait semé et que nous ne

238

l'avions que trop bien écouté et entendu pendant les années amères où il vitupérait avec force comme responsables de ses malheurs le régime, la société et les hommes issus de la Résistance. Presque jusqu'à la fin, il n'a pas eu conscience des dégâts qu'il avait faits et des marques profondes qu'il avait imprimées dans des esprits tendres, il ne reconnaissait pas dans notre révolte la conséquence de ses enseignements et le signe même de notre fidélité.

Le temps a passé comme un voleur. Monsieur Brouchon est mort, madame Brouchon est morte, et je n'ai jamais su leur dire, pendant qu'il était encore temps, à quel point je les avais aimés. Nous avons trop peu reçu pour savoir rendre aux quelques-uns qui nous ont tout donné. Quand je suis retourné à Sarrazeuil autrement qu'en pensée, il n'y avait plus rien à voir et je n'ai reconnu personne.

Mon frère aîné est mort et nous n'avions jamais reparlé de notre enfance. Le pauvre Gilles est mort et nous n'avons jamais parlé de rien. J'ai encore un frère et deux sœurs mais nous nous taisons très bien. Nous avons eu trop froid pour n'être pas glacés. Nous marchons vers la mort environnés de cadavres et lorsqu'ils sont plus nombreux que les vivants c'est qu'il n'y en a plus pour très longtemps.

J'ai tant attendu avant de pouvoir parler, j'ai tant attendu avant de parler...

À la rentrée de 1945 on nous avait fait apprendre ce bien joli passage d'Anatole France, extrait du *Livre de mon ami*, où la poésie se cache sous la prose comme Peau d'Âne sous sa grise défroque, et la mélancolie sous la désinvolture :

« Je vais vous dire ce que me rappellent tous les ans, le ciel agité de l'automne, les premiers dîners à la lampe et les feuilles qui jaunissent dans les arbres qui frissonnent ; je vais vous dire ce que je vois quand je traverse le Luxembourg dans les premiers jours d'octobre, alors qu'il est un peu triste et plus beau que jamais... Ce que je vois alors dans ce jardin, c'est un petit bonhomme qui, les mains dans les poches et sa gibecière au dos, s'en va au collège en sautillant comme un moineau. »

On était dans les premiers jours d'octobre, moi aussi je traversais le Luxembourg, pour aller au lycée, et je m'identifiais naturellement à ce « petit bonhomme » qu'avait été, que n'était plus Anatole France au moment où il écrivait. Car le texte poursuit :

« Ma pensée seule le voit ; car ce petit bonhomme est une ombre ; c'est l'ombre du moi que j'étais il y a vingt-cinq ans. »

Le Luxembourg n'a pas changé, *« c'est le temps où les feuilles tombent une à une sur les blanches épaules des statues »*. Mais au moment où j'écris ces lignes, dans les tout premiers jours d'octobre, moi non plus je ne suis plus ni le « petit bonhomme » d'Anatole France ni celui que j'étais il y a plus de cinquante ans.

J'ai aujourd'hui deux fois l'âge qu'avait mon père en 1940. Mon père d'alors pourrait être mon fils : à la lumière de ce que j'étais à son âge et en fonction de ce que j'ai fait moi-même de ma vie, je ne me sens plus le cœur de le juger avec autant de sévérité que je le faisais naguère et de porter condamnation. J'ai grand pitié de ce jeune homme chargé de plus d'enfants que de sagesse, de plus de devoirs que de caractère.

Cet homme n'a jamais su vivre – que pour lui. Il a fait de son mieux pour faire semblant. Il nous aimait sans doute et moi le premier, à sa manière et à ses heures perdues ; il cherchait sincèrement à nous transmettre ce qu'il avait de meilleur. Ce n'est pas sa faute s'il n'avait pas vraiment la vocation, moins encore la capacité paternelle, conjugale, familiale. Quelque mal qu'il ait fait, et inguérissable, à ceux qui étaient les plus proches de lui, les années ont prescrit les faits, la mort a rendu à la terre cet homme, ses femmes, ses désirs, ses amours, le temps éteint le ressentiment. Je l'ai vu vieillir, décliner et mourir dans la tristesse et la solitude, et cette faillite m'inspire d'abord le chagrin, la pitié et le regret.

Cet homme n'a jamais guéri du cancer qui avait emporté la femme qui l'avait choisi. Elle morte, plus rien ne l'a retenu sur sa pente. Le désordre de sa vie personnelle et le gâchis de sa vie publique se sont répondus et participaient de la même cause. Très vite, il a désespéré de lui-même. Allant, pour ne pas dire titubant d'une femme à l'autre, il n'a jamais aimé que celles qu'il n'avait pas eues, qu'il n'aurait jamais, ou qu'il avait perdues. Les inaccessibles : Marlene Dietrich, Greta Garbo. Celles qui se dérobaient : Dora, et tant d'autres, avant Dora, après Dora. Celle que la mort, en la lui enlevant, avait pour toujours parée de tous les charmes. Il n'est jamais resté les mains ballantes et le cœur inoccupé. Souvent rempli mais jamais plein. Et très tôt glacé. Las dès qu'il avait conquis, inquiet dès qu'on lui manquait, sans but et sans ancrage, il avait conclu de longtemps que la possession n'est que l'illusion de la possession, l'amour l'illusion de l'amour, la vie l'illusion de la vie. Je lui pardonne : il ne savait pas ce qu'il faisait. Pas plus que le rescapé de la nouvelle d'Edgar Poe, il n'est sorti indemne du maelström qui a aspiré, brassé, brisé tant de vies comme autant de navires les uns irrémédiablement engloutis, corps et biens, d'autres dont il n'est resté à la surface que des débris épars.

À la rentrée 1939, nous devions quitter Poitiers pour Paris. L'Académie de Paris. Mon père avait été nommé au lycée Marcellin-Berthelot, à Saint-Maur-des-Fossés où il avait trouvé et loué la villa, avec un grand jardin plein d'arbres fruitiers, de cabanes et de cachettes. C'est là que nous devions vivre et grandir. La mort et la guerre, en nous tombant dessus, en ont disposé autrement et ont enseveli le passé sous un avenir couleur de cendres. Et ce fut mon enfance. Et elle fut malheureuse.

Je n'aurai certes pas l'indécence et l'impudeur de mettre en parallèle ce malheur et celui des enfants d'Izieu. Je ne prétendrai pas que ce petit malheur particulier puisse ou doive être mis en balance d'aucune manière avec les horreurs et les monstruosités de la guerre. Il reste pourtant indissociable de celle-ci puisque le temps a tressé l'un à l'autre. Qu'est-ce qu'une larme dans l'océan ? Et pourtant, « *le malheur au malheur ressemble* ».

La guerre est-elle vraiment finie ? Elle ne le sera pas tout à fait tant que vivront des hommes et des femmes qui en portent encore les cicatrices ou en traînent les séquelles, qu'ils aient été atteints de plein fouet ou seulement par les ricochets de l'Histoire

Quel point commun entre ce long jeune homme prolongé qui de roman en roman tisse une grande œuvre avec de la nuit et du brouillard, cet acteur célèbre, éternellement bronzé, que l'on croirait seulement préoccupé de ses ridicules petits chiens, ce chanteur du bonheur, ce comédien de la violence et de la dérision, cette journaliste aujourd'hui retraitée ?

Celui-ci, errant à travers les rues d'un Paris éternellement plongé dans le noir comme si le couvre-feu n'y avait pas été levé il y a cinquante-cinq ans, y cherche la trace d'ombres disparues avant sa naissance et traque un passé qui n'est pas le sien. Piéton obsessionnel, on croirait qu'il porte le poids et paie le prix de péchés qu'il n'a pu commettre, l'indélébile faute originelle d'un autre. Celui-là, avec une piété filiale digne d'une meilleure cause, lutte pour réhabiliter l'image et l'œuvre d'un père ostracisé depuis un demi-siècle non pour avoir été un sculpteur des plus classiques mais pour avoir fait partie du fameux voyage des artistes à Berlin. Ces deux-là sont à jamais marqués du sceau d'une infamie où ils ne sont pour rien, de la plus pure, de la moins coupable des infamies, enfants de l'amour d'un Boche et d'une Française. La dernière a appris le même jour par un gros titre à la une de *France-Soir* que son grand-père, l'officier de marine, qu'elle croyait en voyage, avait été jugé, condamné à mort pour trahison, et fusillé. Quelle qu'ait été leur réussite, quel qu'ait été leur parcours, tous portent l'invisible blessure de ce passé qui ne passe pas.

À quoi tient qu'un destin bascule en temps de guerre ? Au milieu des années soixante, j'ai assisté au procès, devant la Cour de sûreté de l'État, de Jacques Vasseur, dernier arrêté, dernier condamné à mort (gracié par la suite), dernier détenu français pour faits de collaboration. Ce misérable qui avait pris activement part, tortionnaire et assassin, à des raids meurtriers des Allemands contre la Résistance dans la région d'Angers, n'avait échappé pendant un quart de siècle à la justice qu'en demeurant, cloîtré et caché, au domicile de sa mère, prison plus douce et plus astreignante que celles qu'il connaîtrait par la suite. Les débats firent apparaître que, jeune homme bien sage et sans appartenance politique, il ne serait jamais devenu le traducteur bénévole, puis l'interprète appointé de la Kommandantur, puis le serviteur zélé, puis le délateur, puis le bourreau français de la Gestapo d'Angers si ses parents n'avaient eu l'idée banale de lui faire apprendre l'allemand.

Les Hindous ! Les Hindous ! En 1940, ces jeunes hommes, enrôlés dans l'armée de Sa Majesté, étaient partis sous l'uniforme et derrière le drapeau britanniques pour aller défendre – ils n'en demandaient pas tant – sur les bords sablonneux du canal de Suez et dans le désert de Cyrénaïque cet Empire, ce Raj dont ils étaient les sujets et non les citoyens. Faits prisonniers par l'Afrikakorps, envoyés dans un camp, mal vêtus, mal nourris, malades, crevant de froid, ils s'étaient vu proposer en 1944, lorsque l'Allemagne, pour sa guerre, avait commencé à manquer de bras, de repartir au casse-pipes, mais cette fois dans les rangs de l'invincible Wehrmacht qui, comme eux, luttait contre les empires coloniaux. C'est ainsi que s'était constitué ce 985e Régiment de marche hindoustani qui, en 1944, effrayait tant madame Brouchon, Marguerite Teille et les bonnes gens de Sarrazeuil.

En 1985, *La Nouvelle République du Centre* fit état de la découverte, non loin de Fontevrault, à l'occasion de l'ouverture de je ne sais plus quel

chantier de travaux publics, d'un charnier conte-
nant les corps d'une trentaine d'hommes jeunes
dont la mort, par balles, remontait à l'époque de
la guerre. Aucun lambeau de vêtement, aucun
document, aucun objet ne permettait une identifi-
cation et les archives de l'endroit n'avaient gardé
la trace d'aucun combat ni d'aucune exaction qui
expliquassent la présence et les circonstances de
la mort de ces inconnus. Un lecteur pictave, le sur-
lendemain, proposa une solution à l'énigme. Lors
de la libération de Poitiers, deux camions avaient
amené sur la place d'Armes les restes de cette
unité hindoue, débandée ou abandonnée par les
Allemands. Les malheureux avaient été fusillés sur
place sans autre forme de procès puis les deux
camions, chargés de leurs cadavres, étaient partis
pour une destination inconnue. Les restes décou-
verts étaient très probablement les leurs.

J'ai souvent, depuis, pensé à ces pères, à ces
mères, à ces frères, à ces sœurs, à ces fiancées qui,
du côté de Simla, de Lahore, de Darjeeling, de Sri-
nagar ou de Bénarès, avaient vu partir ces jeunes
soldats, sans en pouvoir mais, pour une cause
incompréhensible et une destination inconnue.
Jamais plus, sans doute, ils n'en ont eu de nouvelles. Longtemps, pourtant, des années peut-être,
sur le pas de leur porte, une main en visière, les
yeux tournés vers le soleil couchant, ils ont espéré
leur retour. Ils n'ont jamais appris, nul ne leur dira
jamais que, dans un pays lointain et ignoré,
quelque part entre Châtellerault et Tours, l'horreur
anonyme d'une fosse commune avait été le dernier
lit où reposaient leurs enfants, leurs frères, leurs
promis, morts sans avoir su ni où, ni pour qui, ni
pourquoi.

Elle est retrouvée...

Longtemps, j'ai cru, sur quelques apparences, que ma mère était morte à jamais. Parce que je ne prononçais plus son nom. Parce que je ne me rappelais plus sa voix. Parce que je ne connaissais plus que par des photos son visage, fixé pour l'éternité dans l'incomparable, l'incorruptible, l'inaltérable éclat de la beauté des reines mortes jeunes. Parce que je ne pensais plus à elle. Parce qu'elle avait disparu, et jusque dans mes rêves. Sans souvenirs, j'ignorais jusqu'au goût des larmes. Elle ne me manquait pas.

Donc, j'étais certain de l'avoir oubliée et, les rares fois où j'y songeais, je ne laissais pourtant pas de m'en étonner. Quoi, pas un son, pas une image, pas une odeur jusqu'à cinq ans passés ? Pourquoi ne me rappelais-je rien d'avant, donc rien d'elle ? Pourquoi me souvenais-je de tout après ? Que de temps, que d'années avant de reconnaître enfin l'évidence. Que j'avais refusé qu'elle nous quittât. *Comment avait-elle pu nous faire cela ? Comment* avait-elle pu nous lâcher la main, elle qui nous devait aide et protection ? Maman, Maman, pourquoi nous as-tu abandonnés ? J'avais tout effacé, du jour au lendemain. J'avais voulu tout enfouir avec elle, dans le trou noir où on l'avait jetée.

Un jour enfin, les larmes sont revenues. Un jour, je n'ai plus eu peur de regarder en face cette béance insupportable, cet astre noir qui rayonnait depuis le premier jour son invisible lumière dans notre ciel vide. Un jour, j'ai commencé à prendre la mesure de ce qui nous avait été retiré, de ce que nous avions perdu, à soupçonner l'étendue et la profondeur de l'inépuisable gisement de chagrin enterré profond sous la surface et demeuré intact en dépit de la corrosion du temps.

J'ai osé enfin mettre mes pas dans les pas d'un enfant d'autrefois. Je l'ai suivi dans le brouillard. Descendu au fond du gouffre vertigineux que fait plus d'un demi-siècle, j'ai cru me retrouver hier et je ne savais plus par moments si j'avais toujours soixante ou encore cinq ans.

Alors, j'ai enfin compris qu'elle n'avait jamais cessé de veiller sur nous, de nous protéger, de nous aimer. Qu'elle ne nous avait pas abandonnés. Pas elle. Pas une mère. Qu'elle était toujours restée parmi nous. Mais sa présence diffuse était si ténue que je ne la voyais pas. Ou peut-être étais-je aveugle. Elle parlait si bas que je ne pouvais pas l'entendre. Ou peut-être suis-je longtemps resté sourd.

Comme le génie des *Mille et Une Nuits* dans des bouteilles et dans des lampes, elle était contenue dans tous ces objets qui dataient d'elle et qu'il me suffisait de toucher, de sentir ou de voir pour ressentir un frisson incompréhensible et inexprimable.

Elle était dans le gros buffet ventru de la salle à manger où, maman-écureuil, fourmi ménagère, elle avait accumulé tant de nourriture en prévision d'un très rude hiver. Il y avait là du sucre, des haricots, du riz, du tapioca, de la Maïzena, du Banania et des pâtes Buitoni dont l'emballage de carton, avec sa fenêtre de cristal, me fascinait. Elle était dans la poudre de cacao, dans la farine de soja, solidifiées et agglomérées en blocs que nous effritions à la petite cuiller. Bien longtemps après que tout eut été mangé, elle était dans le petit bocal de câpres d'où le liquide s'était évaporé mais dont les années n'avaient pas altéré la saveur piquante comme je pus le constater un jour de 1945. Elle était dans la petite bouteille de sauce anglaise, tant de fois tournée et retournée, dont le jus brunâtre avait fini par se dessécher et se déposer sur les parois de verre, mais il suffisait de dévisser le bouchon et de humer le goulot pour retrouver l'odeur exotique et entêtante de la Genuine Worcestershire. Elle était dans cette drôle de boîte carrée qui contenait une demi-douzaine de verres épais semblables à ceux qu'on utilise pour les ventouses. Mystère et dernier cri de la technique bulgare, cet équipement qui ne fut jamais utilisé permettait, paraît-il, de fabriquer soi-même du yaourt à partir de petit-lait.

Elle était dans le beau service à vaisselle fileté d'or dont nous ne nous servions pas davantage. Elle était dans le rouet que nous avons cassé à force d'en faire tourner la roue à la main et au pied. Elle était dans le vieux moulin à café qui n'avait plus rien à se mettre sous les dents. Elle était même dans cette poire à injection, sorte de grosse trompe prolongée d'une canule, et dans ce tuyau en caoutchouc, relégués au fond d'un placard de la salle de bains et qui me suggéraient, perplexe, d'insolites pratiques d'hydrothérapie alors qu'ils témoignaient seulement – mais comment l'aurais-je deviné ? – de précautions restées au moins quatre fois inutiles.

Elle était dans le phonographe à manivelle et dans les deux gros albums de 78 tours qui, bien que nous eussions recours, encore et encore, aux mêmes aiguilles d'acier, produit devenu introuvable, traversèrent presque intacts ces quatre années. Fascinés par le mouvement insensible du bras articulé qui tanguait doucement, nous nous penchions sur la surface du disque, eau noire où la lumière faisait trembler un reflet fixe semblable à celui de la lune sur la mer. Nous ne nous lassions pas de réentendre les voix, rendues de plus en plus nasillardes par les membranes déréglées du haut-parleur métallique, des chanteurs enregistrés dans la cire. Nous connaissions tous ces airs plus que par cœur et prévoyions au millimètre près le moment où l'aiguille viendrait buter sur l'habituelle fêlure des disques malades, mais si nous sacrifiions à ce rituel répétitif, ce n'était pas seulement parce que cette robuste machine était à peu près la seule qui fonctionnait encore rue Vavin. Ces voix venaient d'ailleurs mais surtout d'autrefois. En prêtant mieux l'oreille, nous aurions pu entendre la sienne en sous-impression.

Elle était dans les comptines et les chansons de marins dont elle avait, penchée sur nos berceaux, éveillé ou endormi notre première enfance.

Elle était dans l'indescriptible fouillis d'objets dépareillés, de livres aux couvertures et aux pages arrachées, de jeux incomplets, de poupées éviscérées, de peluches énucléées qui s'entassaient dans l'armoire où je savais parfaitement distinguer ce qui datait d'avant et m'inspirait un sentiment vague qui ne ressemblait à aucun autre. Elle était dans l'album de ribambelles à découper, dans la lanterne magique à confectionner soi-même avec du carton et du papier-vitrail de toutes les couleurs. Elle était dans le jeu de Nain jaune, dans Bourru l'ours brun, dans les *Contes et Légendes d'Espagne*, dans cette Blanche-Neige de caoutchouc et dans ces trois nains bourrés d'étoupe, Prof, Grincheux et Simplet, auxquels nous nous étions, dans l'ordre, identifiés.

Elle était dans le petit bouquet d'immortelles sur la cheminée de la chambre où elle était morte.

Dans les premiers jours d'octobre 1999, j'ai retrouvé le chemin perdu du cimetière d'Ivry. La dalle était intacte, mais la pierre tombale avait été déplacée de quelques centimètres, laissant une ouverture suffisante pour livrer passage à une âme. Je veux penser que celle-ci erre de nouveau parmi nous, sans domicile fixe, même le dernier. J'entends de plus en plus souvent cette voix qui murmure à mon oreille. Bientôt, nous serons de nouveau réunis.

Table des matières

Imprimé en France par la Société Nouvelle Firmin-Didot
Dépôt légal : février 2000
N° d'édition : FF 794906 - N° d'impression : 51706